イメージ・スキーマに基づく格パターン構文

ひつじ研究叢書〈言語編〉

【第50巻】言語科学の真髄を求めて　　　鈴木右文・水野佳三・高見健一 編
【第51巻】日本語随筆テクストの諸相
　　　　　　　　　　　　　　　　　　高崎みどり・新屋映子・立川和美 著
【第52巻】発話者の言語ストラテジーとしてのネゴシエーション行為の研究
　　　　　　　　　　　　　　　　　　　　　　　　　　　クレア マリィ 著
【第53巻】主語と動詞の諸相　　　　　　　　　　　　　　二枝美津子 著
【第54巻】連体即連用？　　　　　　　　　　　　　　　　奥津敬一郎 著
【第55巻】日本語の構造変化と文法化　　　　　　　　　　青木博史 編
【第56巻】日本語の主文現象　　　　　　　　　　　　　　長谷川信子 編
【第57巻】日本語会話における言語・非言語表現の動的構造に関する研究
　　　　　　　　　　　　　　　　　　　　　　　　　　　坊農真弓 著
【第58巻】ニュータウン言葉の形成過程に関する社会言語学的研究
　　　　　　　　　　　　　　　　　　　　　　　　　　　朝日祥之 著
【第59巻】韓日新聞社説における「主張のストラテジー」の対照研究
　　　　　　　　　　　　　　　　　　　　　　　　　　　李貞旼 著
【第60巻】ドイツ語再帰構文の対照言語学的研究　　　　　大矢俊明 著
【第61巻】狂言台本とその言語事象の研究　　　　　　　　小林賢次 著
【第62巻】結果構文研究の新視点　　　　　　　　　　　　小野尚之 編
【第63巻】日本語形容詞の文法　　　　　　　　　　　　　工藤真由美 編
【第64巻】イメージ・スキーマに基づく格パターン構文　　伊藤健人 著
【第66巻】日本語の文章理解過程における予測の型と機能　石黒圭 著

ひつじ研究叢書〈言語編〉第64巻

イメージ・スキーマに基づく格パターン構文
日本語の構文モデルとして

伊藤健人 著

ひつじ書房

目 次

はじめに	1
第1部　従来の構文モデル―その可能性と限界―	13
第1章　序論	15
1.1　本書の目的	15
1.2　本書で扱う言語現象と問題の所在	20
1.2.1　"動詞の多義性"に対する3つの立場	21
1.2.2　格助詞の交替現象	26
1.2.3　格助詞の意味解釈	30
1.3　本書の構成	32
第2章　構文文法の概要：Goldberg(1995)を中心に	37
2.1　構文文法の全体像	38
2.1.1　構文の定義、及び、構文的意味	40
2.1.2　構文間のネットワーク関係	43
2.1.3　構文と動詞の関係：参与者役割・項役割	46
2.1.3.1　参与者役割と項役割	48
2.1.3.2　参与者役割・項役割のプロファイル	49
2.1.3.3　参与者役割と項役割の融合	52
2.2　構文文法の文法観	57

第3章　Goldberg(1995)の構文モデルの可能性と限界　61

3.1　Goldberg(1995)を振り返って　61
3.2　構文文法の可能性：構文の意味と動詞の意味の観点から　65
3.3　従来の構文モデルの限界　69

第2部　新たな構文モデル
　　　　―イメージ・スキーマに基づく格パターン構文―　73

第4章　構文の形式と意味、及び、構文の意味拡張　75

4.1　構文の形式：格パターン　75
　4.1.1　格パターンと日本語研究　78
　　4.1.1.1　森田(1994)：格支配と意味の移行　80
　　4.1.1.2　森山(1988)：
　　　　　　連語論的アプローチ(格パタン分析法)　81
　4.1.2　格パターンの類型　84
4.2　構文の意味：イベント・スキーマ　88
　4.2.1　イベント・スキーマに関する先行研究　90
　　4.2.1.1　語彙概念構造と意味述語：
　　　　　　影山(1996, 1999)　90
　　4.2.1.2　イベント・スキーマと事態認知：
　　　　　　山梨(1995)　96
　4.2.2　本書でのイベント・スキーマ　100
　4.2.3　基本的事態と複合的事態　104
　4.2.4　イベント・スキーマと他の事柄との関係　109

第5章　構文の意味を動機付けるもの：イメージ・スキーマ　113

   5.1　言語の意味記述とイメージ・スキーマ：池上(1995)　114
   5.2　構文の意味の動機付けとなるイメージ・スキーマ　118
      5.2.1　〈容器〉のイメージ・スキーマ　119
      5.2.2　〈起点‒経路‒着点〉のイメージ・スキーマ　123
      5.2.3　〈リンク〉のイメージ・スキーマ　128
      5.2.4　〈ベクトル〉のイメージ・スキーマ　129
   5.3　概念構造の形成：
      イメージ・スキーマからイベント・スキーマへ　132

第6章　日本語の構文：
イメージ・スキーマと格パターンの統合体　141

   6.1　基本的構文　144
      6.1.1　【存在】構文：[_ ニ _ ガ V]　146
      6.1.2　【変化】構文：[_ ガ _ カラ _ ニ V]　149
         6.1.2.1　【起点的‒変化】構文：[_ ガ _ カラ V]　154
         6.1.2.2　【着点的‒変化】構文：[_ ガ _ ニ V]　161
         6.1.2.3　【経路的‒変化】構文：[_ ガ _ ヲ V]　168
      6.1.3　【双方向的作用】構文：[_ ガ _ ニ V]　170
      6.1.4　【一方向的作用】構文：[_ ガ _ ヲ V]　172
   6.2　複合的構文　174
      6.2.1　【移送】構文：[_ ガ _ ヲ _ カラ _ ニ V]　174
      6.2.2　【使役】構文：[_ ガ _ ヲ V]　178
      6.2.3　【授受】構文：[_ ガ _ ニ _ ヲ _V]　181

第 7 章　格助詞と構文　　187

7.1　格助詞の交替現象　　187
7.1.1　ニ／ヲ交替：それぞれ別の事態を表す構文の交替　188
7.1.2　ニ／カラ交替とガ／カラ交替：同じ事態を表す同一構文での格パターンの交替　188
7.1.3　カラ／ヲ交替：「〜カラ／ヲ出る」について　190

7.2　格助詞の意味解釈①：非－対象のヲ格と【経路的－変化】構文　192
7.2.1　「非－対象」ヲ格の意味解釈　192
7.2.2　【経路的－変化】構文におけるヲ格の意味解釈　193
7.2.2.1　【経路的－変化】構文と「経路」「状況」「期間」の意味解釈　194
7.2.2.2　【経路的－変化】構文と「経過点」「起点」の意味解釈　196
7.2.3　まとめ　198

7.3　格助詞の意味解釈②：いわゆる「ニ格目的語」について　198
7.3.1　動詞の意味的な類型による説明の問題点　199
7.3.1.1　他動性の観点から見たヲ格とニ格：角田（1991）　199
7.3.1.2　ニ格他動詞の類型：森（1998）　201
7.3.1.3　動詞の意味による説明の限界　202
7.3.1.4　構文的な視点の導入　203
7.3.2　分析：構文的説明　204
7.3.2.1　【変化】構文　205
7.3.2.2　【双方向的作用】構文　207
7.3.2.3　【授受】構文　209
7.3.3　まとめ　212

第8章　まとめ　213

    8.1　各章を振り返って　213
    8.2　本書の構文モデルの可能性：日本語教育への応用　215
    8.3　本書の成果と意義　217
    8.4　今後の課題　219

参考文献　223

あとがき　233

索引　237

はじめに

　本書で提案する「イメージ・スキーマに基づく格パターン構文」は、「構文文法(construction grammar)」の考え方を採り入れ、その新たな解釈の基に日本語の項構造レベルの構文モデルとして創案したものである。
　Goldberg(1995)などで広く知られるようになった「構文文法」では、「構文(construction)」を「形式(form)」と「意味(meaning)」の統合体であるとする。即ち、個別言語にはそれぞれに特徴的な「形式」があり、その形式にはそこで用いられる述語からは独立した構文的な「意味」が関わっているという考え方を採用している。
　「構文」が「形式」と「意味」との統合体であるとすれば、日本語の「構文」における、「形式」と「意味」とは何であろうか。本書では、構文の形式を格助詞の組み合わせを定式化した「格パターン」として、構文の意味を事態の把握の仕方を定式化した「イベント・スキーマ(event schema)」として捉える。つまり、日本語の項構造レベルの構文は、構文の形式としての格パターンと、構文の意味としてのイベント・スキーマの統合体であると考える。また、本書の構文モデルは、構文の意味を担うイベント・スキーマは最初からそこにあるものではなく、日常の具体的な経験から得られた「イメージ・スキーマ(image schema)」がその根源的な認知基盤となっているとする点も従来の研究にはない新たな見方である(図1参照)。

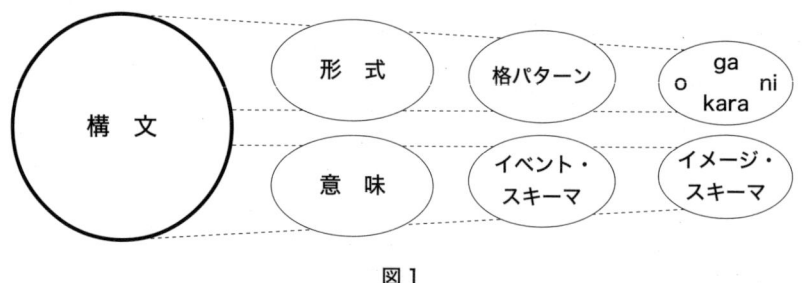

図1

　本論に入る前に、この考え方を簡単に示しておきたい。例えば、次のような状況を日本語では、どのように言い表すだろうか。

図2

　この状況は、一般的に(1a)のように表現されるであろう。当然、(1b, c)のように、詳細な描写も可能である。「大瓶が…」のようにモノの形状、「6本…」のように数量、さらに、「エビスが…」のようにビールの銘柄を言うこともあるだろう。しかし、これらはいずれも、「ある容器の中にあるモノが存在する」という事態を表している。

（1）a.　冷蔵庫にビールがある。
　　b.　上の段に大瓶が6本入っている。
　　c.　「シャキッと鮮冷蔵」に「エビス」が冷えている。

このような事態の把握には、認知意味論で言う〈容器〉のイメージ・スキーマが深く関わっている。山梨(1995)は、〈容器〉のイメージ・スキーマを以下のように説明している。即ち、「物を出し入れする行為は、日常生活で営まれる基本的な経験の1つであり、この種の経験によって、空間の一部が境界のある領域として認知される。この種の経験を介して〈容器〉のイメージ・スキーマが作り上げられる。そして、〈容器〉のイメージ・スキーマは、われわれをとりまく世界の一部を一種の入れ物として外部の空間から限定して理解することを可能とする認知枠の一種として機能している(山梨1995:98)」。このような〈容器〉のイメージ・スキーマをJohnson(1987)は、以下のように図示している。

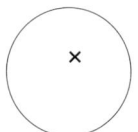

図3　Johnson(1987:23)

　この図式は、○で示された容器に×で示されたモノがあるという非常に単純なものである。しかし、われわれが日常で行う様々な事態の把握には、この〈容器〉のイメージ・スキーマが大いに役立っているのである。
　本書で提案する構文モデルでは、構文の意味を「イベント・スキーマ」によって表す。これは、単にメタ言語的に最初から存在するものではなく、図2のような事態から、図3のイメージ・スキーマを認知的な基盤として、経験的に得られたものである。

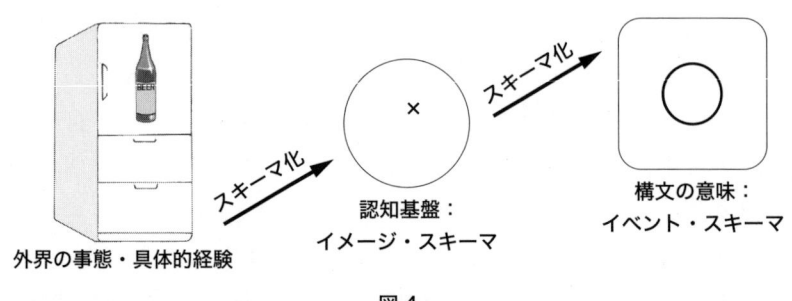

図4

このように、本書の構文モデルでは、日常の具体的な経験により形成されたイメージ・スキーマを認知基盤としてスキーマ化された「イベント・スキーマ」を構文の「意味」とする。そして、この構文の意味であるイベント・スキーマを上記のように□と○で図式化している。これは、本書では、記述的な言語研究の具体的な観察や成果と理論的な言語研究で提案された抽象的な概念や形式化の融合を目指しているからである。一般に、理論的言語研究での概念やメタ言語的な定義は抽象度が高いため、当該分野の専門家以外には共有されがたく、有用な理論的知見が実践的あるいは記述的研究に十分に生かされているとは言い難い。そこで、本書の構文モデルでは、理論的・抽象的な概念を、直感的・可視的な「図式」によって示しているのである。

例えば、(1a)の「冷蔵庫にビールがある」という事態は、語彙概念構造(影山(1999)など)では、[[　] y BE AT- [　] z]のような論理式が用いられるであろう。また、(1b)の「入っている」や、(1c)の「冷えている」などでは、さらに複雑な論理式、ないしは、補助的な意味述語が用いられるかも知れない。

これに対し、本書の構文モデルでは、(1a～c)の事態は、以下の図式で示される【存在】構文の具体事例として説明される。

図 5 【存在】構文

この【存在】構文は、[＿ニ ＿ガ V] という格助詞の組み合わせ、即ち、格パターンを持ち、□のニ格で示された空間的領域・抽象的領域に、○のガ格のモノ（具体物・抽象物）が存在することが直感的、可視的に示されている。このような構文の形式を担う格パターンと意味を担うイベント・スキーマは、"最初からそこに存在している"のではない。これらは、上で述べたように、われわれの日常的な経験から抽出された、構文のスキーマとして形成されてきたのである。「存在」という事態・概念には、具体的であれ抽象的であれ、それが存在する「領域」と、存在する「モノ」が必要であり、また、その存在の在り方（仕方・様態）は、「ある」を典型として、より詳細には、"入って"いたり、"冷えて"いたりする。そのような個別の具体的な経験から、イメージ・スキーマを介した「存在」という事態がイベント・スキーマとして把握され、その言語表現においては、存在する「領域」がニ格で、存在する「モノ」がガ格で示されることが把握される。これは、概ね、以下図6のように示される。なお「イメージ・スキーマ」に関しては 4.2 で、「イベント・スキーマ」に関しては 5.2 で、さらに両者の関係は 5.3 で詳しく述べたい。

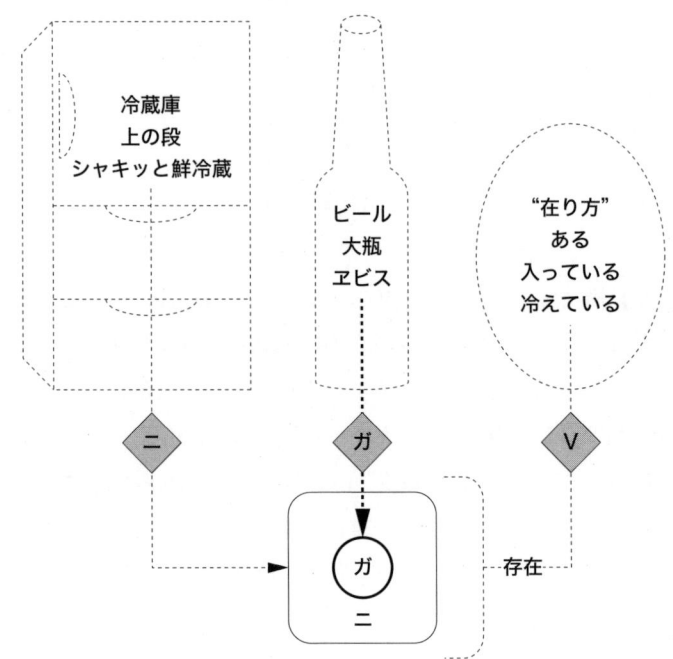

図6　具体的な事態から、【存在】構文へ

　「構文」という観点を持たなかった従来の日本語研究では、「動詞の多様な意味解釈(いわゆる動詞の多義性)」、「格助詞の交替現象や意味解釈」などは、それぞれ個別の問題として議論されてきた。しかし、動詞の意味解釈には格助詞が何らかの役割を果たしていることや、格助詞の意味解釈は文全体の解釈の中で他との関係によって決まることなどは、単発的ではあるが、指摘されてきた。本書での構文モデルは、このような日本語学の記述的な研究成果を踏まえ、構文の形式を担う「格パターン」として、理論的・抽象的な概念と融合させている。この点について、【存在】構文の具体事例である(2)の例を用いて述べたい。この構文は、「存在」を中心的な意味とし、「所有」「可能(能力)」へと拡張する。

(2)a.　冷蔵庫にビールがある。(=(1a))

b.　先生に娘さんが3人いらっしゃる。
　　c.　太郎にアラビア語がわかる
　　d.　花子に人を見る目がある。

　(2a)のような典型的な存在から、ニ格の領域が人間や組織と隣接性を持っていれば、(2b)のように「所有」という解釈が生じる。さらに、ニ格が有生で、ガ格がある技能などの場合、(2c)のように「可能（能力の所有）」の解釈が生じる。しかし、(2d)からわかるように、「所有」と「可能」は独立したものではない。

　興味深いのは、(2a～d)で用いられている動詞は、「ある」「いらっしゃる」「わかる」のように異なっているが、それぞれに意味的な関連性を持ち、いずれも、[_ ニ _ ガ V] という共通する格助詞の組み合わせを持っている点である。いずれの解釈を持つ例文も、ニ格の領域にガ格で示されたモノが存在するということを表している。

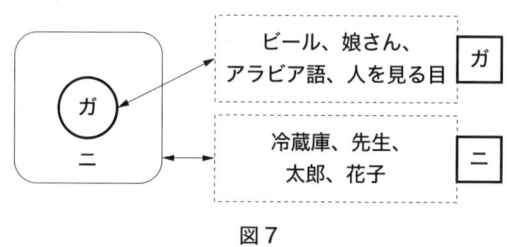

図7

　即ち、(2a～d)は、動詞及びニ格やガ格の名詞が違うことで具体的な解釈は「存在」「所有」「可能」のように異なるが、【存在】構文という説明単位を用いれば、[_ ニ _ ガ V] という格パターンを共有することと、「存在」→「所有」→「可能（＝能力の所有）」という意味拡張が起こることが、統一的に説明できるのである。

　構文の形式と意味を単純な図式で示すことの利点は、直感的・可視的な点だけではなく、広範な言語現象の説明に柔軟に対応できる点にこそある。本書では、このような構文の図式の有効性を様々な具体例を挙げて検証してい

る。上では【存在】構文を挙げたが、もう1つ【変化】構文の例を挙げたい。
　例えば、(3)～(5)では、「位置変化」から「状態変化」へ、さらに「因果関係」へというような抽象的な意味拡張が認められる。

(3)　兄が東京から京都に引っ越した。…「位置変化」
(4)　我が社の業績が赤字から黒字に転じた。…「状態変化」
(5)　室長がわずか3千円の水増し請求から懲戒免職になった。…「因果関係」

このような意味拡張において、いずれも [_ガ _カラ _ニ V] という格パターンが共有されているという注目すべき事実は、図8の「カラ」で示された起点領域と「ニ」で示された着点領域が具象から抽象へと拡張していることによると考えることができる。

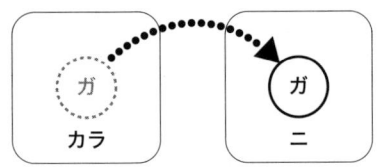

図8　【変化】構文

　これは、〈起点 – 経路 – 着点〉のイメージ・スキーマ(Lakoff(1987)、Johnson(1987)など)を意味基盤とし、起点領域から着点領域へと主体が変化するという構文的意味を示すと同時に、[_ガ _カラ _ニ V] という格パターンによって構文的形式も表示している。これにより、ヒトの事態認知は個別になされているのではなく、同一の認知基盤が認められ、それが格パターンという共通の形式により表されていることが示される。
　また、本書では、従来、動詞が持つ固有の意味によるとされていた(6)～(8)のような動詞(「出る」)の多義的な解釈についても、構文的な意味拡張の観点から分析している。

（６）　太郎が部屋から廊下に出た(≒移動した)。
（７）　優勝者がはじめて我が校から出た(≒生まれた)。
（８）　知り合いがテレビのクイズ番組に出た(≒出演した)。

（６）〜（８）はいずれも同じ動詞「出る」が用いられているが、それぞれの解釈は異なる。本書では、これらの多義的な解釈は、上の図8を基本構文として構文のどの部分が焦点化・背景化されるかにより生じるものであると分析する。

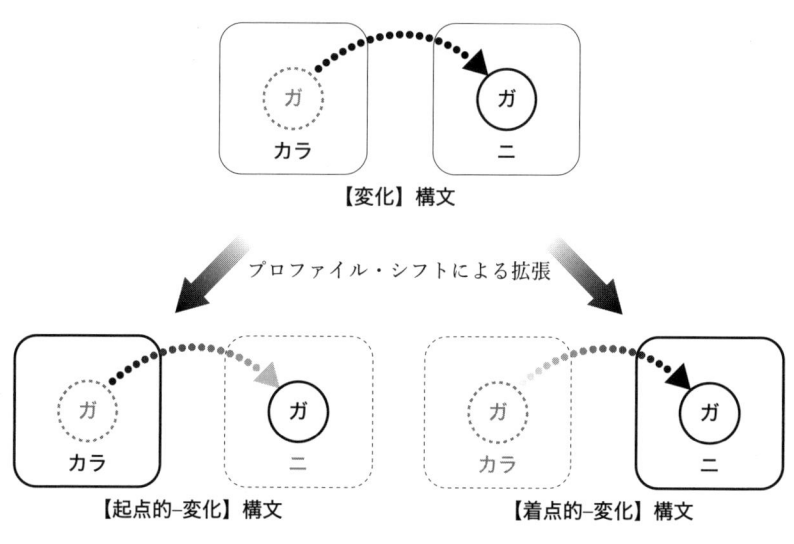

図9　【変化】構文のプロファイル・シフトによる拡張

（７）は、【起点的‐変化】構文の具体事例であり、基本構文の起点領域が焦点化され、着点領域が背景化されたものである。一方、（８）は、【着点的‐変化】構文で、着点領域が焦点化され、起点領域が背景化されたものである。このような構文の拡張により、（７）では［＿ガ＿カラ V］、（８）では［＿ガ＿ニ V］というように格パターンも変化しているが、本書の構文モデルでは、意味拡張に伴う形式の変化も図式により容易に説明できる。

このように、ヒトの外界認知の基盤となる「イメージ・スキーマ」に基づき事態の把握の仕方を定式化した「イベント・スキーマ」という「意味」と、格助詞の組み合わせを定式化した「格パターン」という「形式」とが統合したものが本書で提案する「日本語の項構造構文」である。この構文モデルは、以下のような特徴を持つ。

（9）　本書の構文モデルによる分析の特徴
　①動詞の多様な解釈の構文レベルへの移行
　②「格パターン」による「構文の形式」の定式化
　③４つの「イベント・スキーマ」による「構文の意味」の定式化
　④イベント・スキーマの認知基盤として「イメージ・スキーマ」を適用
　⑤構文の図式化

　①については、従来、動詞の"多義"とされていたものを構文の意味という観点から捉え直すことで、派生義を基本義に結びつけようとする無理な一般化が避けられ、また、動詞に過度の負担をかけることなく文レベルの多様な解釈が説明できる。これは、Goldberg(1995)の主張に通じるものである。
　②については、従来の構文文法では貧弱であった構文の形式面を充実させた。この格パターンには構文の意味が忠実に反映されており、無秩序に見える意味拡張も格パターンに沿ってなされていることが明らかになる。
　③については、とりわけ、従来見逃されていた《関係》というイベント・スキーマが日本語の構文には不可欠であることを指摘する。これにより、位置づけの難しかった［_ガ_ニV］を中心的な構文に据えることが可能となり、また、［_ガ_ヲV］との差異も明確に示すことができる。
　④については、イベント・スキーマは最初からそこにあるもの、プリミティブなものではなく、日常の具体的経験から得られたイメージ・スキーマにより動機付けられていると見ることで、構文レベルの意味拡張も語彙レベルの意味拡張と同様に扱えるようになった。さらに、このイメージ・スキーマは、語彙概念構造の意味述語にも経験的な裏付けを提供できる。

⑤については、日本語教育への適用も視野に入れている。図式により形式と意味が視覚的に捉えられるため、初級レベルから用いることができ、特に困難とされる格助詞の習得における効果が期待できる。
　このような特徴を持つ構文モデルによって、日本語における構文文法研究の展開、日本語の記述的な研究の新展開、及び、それらの相互活性化がなされれば幸いである。

第 1 部

従来の構文モデル
―その可能性と限界―

第 1 章　序論

1.1　本書の目的

本書は、構文文法(Construction Grammar)的アプローチに基づき、日本語の項構造構文における新たな構文モデルである「イメージ・スキーマに基づく格パターン構文」を提案するものである。

　構文文法は、Fillmore(1982)のフレーム意味論、Lakoff(1987)の経験基盤主義に基づく認知意味論、Langacker(1987, 1991)に代表される認知文法の流れを汲むものであり、Lakoff(1987)、Fillmore, Kay and O'Connor(1988)、Fillmore and Kay(1993)などにより展開されてきた。大堀(2001)によれば、初期の構文文法はどちらかというと、慣用語法の細かい記述の試みとして見られる傾向が強く、整備された文法理論として見られることはなかったが、このような状況を大きく変えたのが、Goldberg(1995)である、と言う。Goldberg(1995)では英語の二重目的語構文や使役移動構文などが扱われ、文の中心となる動詞がどんな項を取るかといったまさに「中核」に関わる研究であっただけに、広く注目された。そして、構文文法はまずGoldberg(1995)による「項構造の理論」として広く知られるようになった(大堀 2001:528)。

　本書がGoldberg(1995)の構文文法を重視するのは、彼女自身が一連の構文を「項構造構文(argument structure construction)」と呼んでいるように、項構造を中心に据えた構文のメカニズムの解明を目標とするからである。本書の考察対象である"動詞の多義性"、"格助詞の交替現象"、"格助詞の意味

解釈"といった問題は、いわゆる項構造に深く関わるものであり、この点において Goldberg(1995) の提案が非常に示唆に富むものとなる。

　一方で、Goldberg(1995) の構文モデルには、いくつかの問題点も見られる。Goldberg(1995) の構文モデルには、動詞の意味に影響されている部分があり、「構文の意味は動詞の意味から独立したものである」という構文文法の主張が必ずしも十分に反映されているとは言えない。また、彼女の構文モデルの形式と意味の表し方には改善の余地があると考えられる。形式に関しては、SUBJ(主語)、OBJ(目的語)、OBL(斜格)などという文法関係がそのまま用いられ、例えば、彼女の言う「二重目的語構文」では、SUBJ V OBJ OBJ$_2$、「使役移動構文」では、SUBJ V OBJ OBL というように示されているが、構文の形式は文法関係の表示とは別のものであると筆者は考える。また、この形式と統合する構文の意味の表示には、語彙概念構造に似た意味述語が用いられている。例えば、彼女のモデルの「二重目的語構文」の意味は、'X CAUSES Y to RECEIVE Z' と表示されている。果たして、このような意味述語(CAUSES や RECEIVE など)の"正体"は何であろうか。またこれらは、プリミティブなものなのであろうか。このような意味の記述は、形式的にまとまっており、わかりやすい、便利なものである。そして、おそらくそれぞれの構文の意味をうまく表しているのであろう。しかし、筆者は、これらの意味述語の"正体"を明らかにする必要があると考える。少なくとも、これらを"最初からそこにあるもの"として当たり前のように用いるのではなく、その出来を考える必要があろう。本書では、この問題についても触れ、構文の意味の面に反映させた。

　本書の構文モデルは、構文文法で提案されている有益な考え方を基に、その代表的な構文モデルである Goldberg(1995) のメリットとデメリットを踏まえ、日本語にふさわしい構文モデルとは一体どんなものであろうかということを追求した。

　まず、注目したのは、構文の形式面、即ち、格パターンである。文法関係が格助詞によって形態的に表示される日本語ではよりいっそう構文の形式面からの分析が有効性を持つのではないかという見通しを持ち、伊藤(2003)

で「出る」を例として動詞の多義性を格パターンという観点から考察した。伊藤(2003)では、動詞の多義性に関して、構文の形式としての格パターンによる考察が一定の有効性を持つことを示しているが、一方で、構文の意味を拡げすぎている。言い換えると、動詞の意味の影響を受けすぎて、必要以上に「〜構文」という構文の下位類を増やしてしまっている。ここから筆者は、個々の動詞の意味から独立した、より一般的な事態の表現に関わる構文を考える必要性を強く感じるようになり、日本語の言語現象を説明するのにふさわしい構文モデルの創案を目指した。このような問題意識から生まれた構文モデルの骨子は博士論文(伊藤 2005a)でまとめた。本書は、それに加筆修正を施したものである。

　本書の構文モデル「イメージ・スキーマに基づく格パターン構文」は、構文の形式を格助詞の組み合わせからなる「格パターン」で定式化する。こうすることで、「格パターン」に共通する意味があることが明らかになる。その意味とは、語彙意味論等での意味述語的なものではなく、より根源的な「イメージ・スキーマ(image schema)」を基盤とするものである。即ち、構文の意味は、単純な「イメージ・スキーマ」により動機付けられているのである。このような考えを基に、構文の意味の側面は、「イメージ・スキーマ」を認知的基盤として形式化された「イベント・スキーマ」が担っているという提案を行う。そして、構文の意味の基盤がイメージ・スキーマであると考えることで、構文の意味拡張に対しても、プロファイル・シフト、イメージ・スキーマの変換や背景化、メタファー的写像といった豊富な意味論的道具立てが利用可能となり、構文の拡張や格助詞の交替現象に対して無理のない説明が行えるようになることを論証する。以下での議論に先立って、まず本書で提案する構文名とその形式及び意味を提示しておく。

表　本構文モデルの「形式」と「意味」

構文		形式	意味	
	構文の名称	格パターン	イベント・スキーマ	イメージ・スキーマ
基本的事態	【存在】	[_ ニ _ ガ V]	《状態》	〈容器〉
	【変化】	[_ ガ _ カラ _ ニ V]	《変化》	〈起点−経路−着点〉
	【双方向的作用】	[_ ガ _ ニ V]	《関係》	〈リンク〉
	【一方向的作用】	[_ ガ _ ヲ V]	《作用》	〈ベクトル〉
複合的事態	【移送】	[_ ガ _ ヲ _ カラ _ ニ V]	《作用》	〈ベクトル〉
			《変化》	〈起点−経路−着点〉
	【使役】	[_ ガ _ ヲ V]	《作用》	〈ベクトル〉
			《変化》	〈起点−経路−着点〉
	【授受】	[_ ガ _ ニ _ ヲ V]	《関係》	〈リンク〉
			《作用》	〈ベクトル〉
			《変化》	〈起点−経路−着点〉

　本書の構文モデルでは、まず、事態を基本的な事態と複合的な事態とに区別する。これは、構文の意味の側面から説明される。基本的事態が単体の「イベント・スキーマ」からなるのに対して、複合的事態は複数の「イベント・スキーマ」の組み合わせによるものである。ただし、この組み合わせというのは、基本的事態に関わる4つの「イベント・スキーマ」によるものであることに注意されたい。その4つの「イベント・スキーマ」のうち、《状態》、《変化》、《作用》の3つは、従来の研究でも同様のものが挙げられている。例えば、山梨(1995)では、イベント・スキーマの基本関係として「状態」、「変化」、「行為」が、中右(1993)では、「基本命題」として、「状態の命題型」、「過程の命題型」、「行為の命題型」が提案されている。また、語彙意味論の語彙概念構造でも、「状態」、「動き(「変化」と「移動」)」「活動」が挙げられている(影山 1999:65)。これらの先行研究との差異は後で述べるが、基本的にはこれらの延長線上の見方である。しかし、《関係》というイベント・スキーマは従来の研究では見過ごされてきたものであるが、これ

は、日本語の構文を考える上では非常に重要なものである。

一方、構文の形式は、格助詞の組み合わせからなる「格パターン」によって定式化される。格パターンを構成するのは、ガ格、カラ格、ニ格、ヲ格の4つの格要素である。例えば、【変化】構文は、[_ ガ _ カラ _ ニ V] という格パターンで表示されるが、この3つの格要素(ガ格、カラ格、ニ格)は、《変化》という事態を表すのに最大限必要なものとなっている。従って、従来の項構造の概念を用いれば、これらの要素は"項"に近いものと言える。ただし、これらの格要素は、ガ格を除き、実際の文では言語化されない場合もある。これは、その格要素がプロファイルされるか否かによるが、もしプロファイルされない場合は、それにより意味の違いが生じる。つまり、構文的意味の変化(拡張)は、格パターンの変化に反映されているということである。

さて、Goldberg(1995)の言うように「構文は意味と形式の統合体である」ということからすれば、構文の意味は、「イベント・スキーマ」、構文の形式は「格パターン」ということになり、上記の表の「イメージ・スキーマ」は余計なもののように思われ、この位置づけはどのようなものなのかと思われるかも知れない。本書では、この「イメージ・スキーマ」が構文の意味と形式を動機付けるものとして非常に重要な役割を担うものと考える。特に、構文の意味である「イベント・スキーマ」を構成する概念は、それ自体がプリミティブなものではなく、「イメージ・スキーマ」によって動機付けられていると考える。これは、例えば、《状態》や《変化》という事態レベルの概念は、最初からそこにあるものではなく、それぞれ〈容器〉のイメージ・スキーマと〈起点−経路−着点〉のイメージ・スキーマといった「イメージ・スキーマ」を意味的な基盤としているという意味である。また、この「イメージ・スキーマ」は構文の形式の動機付けにも関わっている。つまり、構文の形式である「格パターン」は、構文の意味とは関係なく恣意的にあるのではなく、両者には有縁性が認められる。例えば、【変化】構文の格パターンは [_ ガ _ カラ _ ニ V] であるが、これは、《変化》という事態の時間的な順序と有縁性を持っている。つまり、ある変化主体が起点から着点に変化

するという事態の流れがそのまま格パターンに現れているのである。従って、《変化》という構文の意味と［ _ ガ _ カラ _ ニ V ］という構文の形式は、〈起点−経路−着点〉のイメージ・スキーマという観点から見れば、有縁性が認められるのである。

本書は、この構文モデルの有効性を、具体的な日本語の言語現象の分析を通して提示するものである。

1.2 本書で扱う言語現象と問題の所在

本書で課題とする中心的な日本語の言語現象は、いわゆる動詞の多義性、格助詞の交替現象、格助詞の多様な意味解釈の3つである。6章以降で「イメージ・スキーマに基づく格パターン構文」を導入し、これらの問題の解決を図るが、まずここでは、問題となる言語現象を挙げておきたい。

(1) **動詞の多義性**
　　a. 地震に驚いて部屋から廊下に出た(≒移動した)。
　　b. 台所から火が出た(≒発生／出火した)。
　　c. 会議に出る(≒出席する)。
　　d. 多くの人がその養成所を出て(≒卒業して)俳優になった。
(2) **格助詞の交替現象**
　　a. 彼はその店から出た。
　　b. 彼はその店を出た。
(3) **格助詞の意味解釈**
　　a. 部屋にいる。
　　b. 恋に悩む。
　　c. 両親に頼る。

"動詞の多義性"は、(1)のように同じ動詞(「出る」)がいくつかの異なる意味に解釈される(「発生／出火する」「出席する」「卒業する」)現象であ

る[1]。国広(1982)によれば、"多義"とは、同一の音形に、何らかの関連を持つ2つ以上の意味が結びついている語(＝"多義語")が持つそれぞれの意味とされ、そのような性質は"多義性"と言われる。

"格助詞の交替現象"は、類似した意味を持つ各文で同じ名詞句に後続する格助詞が交替可能であるものである[2]。(2)では、起点を表すとされる名詞句が(2a)ではカラ格、(2b)ではヲ格のように異なった形態で表されている。

"格助詞の意味解釈"は、(3)のように、格助詞の形態が同一でも解釈が異なるものである。(3)のニ格の解釈では、(3a)では「いる」という存在の「場所」的なものとして、(3b)では「悩む」という行為／活動の「対象」的なものとして、(3c)では、「頼る」という行為／活動の「相手」的なものとして解釈される。他にも、従来の日本語文法の研究で指摘されているいわゆる"対象の解釈を受けないヲ格"名詞句や、"ニ格目的語"などと呼ばれるニ格名詞句についても考察する。

これら(1)～(3)の言語現象は、従来、それぞれ意味論的・統語論的問題として個別に議論されてきたが、本書では、「構文」という概念を用いることで、統一的・体系的な解決を図る。以下では、いわゆる"動詞の多義性"、"格助詞の交替現象"、"格助詞の意味解釈"といった言語現象についてもう少し詳しく見ていく。

1.2.1 "動詞の多義性"に対する3つの立場

動詞に限らず、一般に語はそれが用いられる句や文の中で様々な解釈を受ける[3]。これは、いわゆる語彙的な意味を持つ語彙的形態素からなる内容語のみならず、文法的な働きを担う文法的・機能的形態素からなる機能語も同様である。言語研究の中でも特に意味を中心とした研究では、同一の音形を持つ語が複数の意味に関わるという、語の多義性、及び、その意味構造の解明は、主要な研究対象として高い関心を持たれてきた。ここでは、(1)(=(4)として再掲)に見られるような同一の音形を持つ動詞が複数の意味に結びついているものを"動詞の多義性"の例とする。

(4)=(1)a. 地震に驚いて部屋から廊下に出た(≒移動した)。
　　　　b. 台所から火が出た(≒発生／出火した)。
　　　　c. 会議に出る(≒出席する)。
　　　　d. 多くの人がその養成所を出て(≒卒業して)俳優になった。

　(4)のような"動詞の多義性"に関しては、単なる意味的な議論にとどまらず、統語的な観点からの議論と併せて盛んに研究されている文法的な問題である。"動詞の多義性"が文法の問題として論じられるのは、文の中核とされる動詞が一定の「項構造(argument structure)」[4]を持つという考えが広く受け入れられていることによると言える。即ち、文の述語となる動詞が必須の要素(いわゆる項)を指定し、それらと随意的な要素(いわゆる付加詞(adjunct))の組み合わせによって当該の文の構成要素が決まるという作業仮説のもとに"動詞の多義性"が分析されているのである。例えば、異なる解釈を持つ(4a～d)のそれぞれの「出る」がとる要素(いわゆる項と付加詞)の数とそれぞれの意味役割は、概略(5)のように想定される(下線のついた意味役割は外項、(　)の中の意味役割は付加的なものとする)。

(5)a.　出る a　≒移動する：[agent, (source), (goal)]
　　b.　出る b　≒出火する：[theme, (source)]
　　c.　出る c　≒出席する：[agent, goal]
　　d.　出る d　≒卒業する：[agent, source]

「出る a」は、agent のみを項とする1項の項構造を持つと想定できるが、見方によっては、source と goal を加えて3項とする可能性もある。「出る b」は、出火・発生したもののみが項(theme)となる1項の項構造と言える。この場合、火が発生した場所が source(台所から)として文中に現れる可能性があるが、これは、いわゆる付加詞(adjunct)と考えて良さそうである。「出る c」は、agent と goal からなる2項の項構造を、「出る d」は、agent と source[5] の2項の項構造を持つと考えられる。

さて、(4)に見られるような"動詞の多義性"についての研究は、概ね以下の3つの方向性にまとめることができる。

(6) いわゆる"動詞の多義性"に関する考え方：3つの方向性
　①動詞の基本的な意味に加え、豊かな多義を認める
　　　→当該の文の意味解釈を考慮し、項構造の書き換えを行う
　②動詞の基本的な意味を変えずに、要素の増減によって処理する
　　　→基本的な項構造から特定の項を加えたり除いたりして派生・拡張させる
　③動詞の基本的な意味を変えずに、それが用いられる構文に一定の意味を認める
　　　→"動詞の多義性"を動詞のみに求めるのでなく、動詞の意味と構文の意味から"動詞の多義性"を捉える

　ここまでの議論から予想されることであるが、本書では、いわゆる"動詞の多義性"の説明を動詞のみに求めるのではなく、それが用いられる「構文」との関連において考えるという③の立場に立つ。以下、①②の立場をとった場合の問題を挙げ、本書の立場である③の有効性について論じる。なお、ここでの議論は、次の第2章への予備的な考察となっている。
　まず、①②に共通しているのは、どちらも、「出る」の意味の違いからくる意味役割の組み合わせの違いを、動詞の意味から説明しようという点である。動詞の意味に応じた項構造を想定するということは（項構造が動詞に張り付いたものか、動詞の意味構造から自動的に決まるものかに関わらず）、動詞の意味が違えばそれに応じた項構造を仮定しなければならないということである。
　①のような動詞の基本的な意味に加えて豊かな多義を認める立場は、当該の文の意味解釈を考慮して、随時、項構造の書き換えを行うというものである。例えば、(4a～d)のような「出る」には(5a～d)のように、少なくとも4つの項構造が必要となると言える。従って、①の考え方では、項の数の

違い、主語の意味役割の違い、外項の意味役割及び格表示の違い等、「出る」の個々の共通性は少なく、あたかも別語(同音異義語)のようになってしまう。そして、当該の動詞が実際に用いられる文の解釈を考慮しすぎると多義が際限なく増えてしまい、文における動詞の働きのみが突出して増大してしまうといった大きな問題が浮かんでくる。

次に、②のように動詞の基本的な意味を変えずに、要素の増減(項構造の派生)によって処理する場合、動詞ごとの細かな制約が必要になり、文の意味に左右される場当たり的なものとなってしまう可能性がある。②の考えでは「出るa」の1項の項構造を基本として「出るc, d」のように、goalやsourceを付加する方法や、「出る」の基本的な意味役割を3項agent、source、goalとして、そこからsourceやgoalを削除する方法をとることになる。この場合、どの項を増やしたり減らしたりするかは、動詞のみからは予測不可能であり、文全体の意味を考慮してはじめて項の増減に取り掛かれることになる。さらに、項の増減の規則を立てる際に何を根拠とするかという問題もある。例えば、「出るb」と「出るd」を比べた場合、「出るb」ではsourceが任意の要素(adjunct)であるのに対し、「出るd」では項(義務的な要素)であるという差異がある。また、同じsourceでありながら、形態的な表示がカラ格とヲ格というように異なっている(「出るd」は、「多くの人がその養成所から出た」のようにsourceをカラ格とすると、(1d)のような「卒業する」という解釈ではなく、単なる移動(位置変化)の解釈が優先する。従って、「出るd」のsourceの表示にはヲ格が用いられなければならないと言える)。

結局、②でも、①の考えと同様に、動詞ごとの細かな制約が必要になり、また、その制約も文の意味に左右される不確定なものとなってしまうため、動詞の体系的な全体像は捉えにくく、別語(同音異義語)のようになってしまう。

上記のような従来の意味での項構造の捉え方は、項構造が動詞に張り付いたものであるにせよ、動詞の意味構造から自動的に決まるものであるにせよ、項構造の相違を動詞の意味によるという考え方には限界があることを示

している。これは、以下のようにまとめられる。

(7)a. 項構造は動詞のみからは(文から独立しては)規定できない
   b. 意味役割は動詞のみからは規定しきれない

　これに対し、③のような考え方では、いわゆる動詞の多義性を動詞(の項構造)のみにより説明するのではなく、それが用いられる構文に注目し、構文的な意味という観点を取り入れることによって、より自然な説明を行おうというものである。大堀(2002)は、文の構造を扱う際に構文情報を動詞の意味と組み合わせることの利点を概略以下のように述べている(大堀 2002:141–142)。

(8)　構文情報を動詞の意味と組み合わせて文構造を分析することの利点
　・動詞の語彙的な情報が増大することに制限が設けられる。
　・多くの動詞に共通する特徴を構文の与える情報として統一して扱うことができる。
　・文構造の創造性は、動詞の意味と構文の意味との融合によって捉えられる。
　・構文の意味からフレーム的知識が参照可能なため、個別の例の適切さも柔軟に論じられる。

"動詞の多義性"の考察に、動詞の比重を下げて「構文」という存在を想定すれば、動詞の意味に頼りすぎることはなくなり、また、「構文的な意味」[6]を認めれば、文ごとに述語の意味的なクラスを整理することができるのである。さらに、「構文」を説明記述の単位として用いることにより、意味的に類似した文に共通する格パターン(格助詞の組み合わせ)が予測できるという統語形式上の利点も認められる。次にこの点について述べる。

1.2.2 格助詞の交替現象

ここでは、格助詞の交替現象について本書の考え方を略述する。以下の議論は第4章での格パターンと構文との関係へと繋がっている。

本書で「格助詞の交替現象」と呼ぶのは、上記（2）（=（9）として再掲）のような例である。

(9)=(2)a.　彼はその店から出た。
　　　　b.　彼はその店を出た。

記述的な日本語研究ではこの種の格助詞の交替現象は、格助詞の意味・機能の観点から議論されることが多かった（寺村(1982)、杉本(1986)、益岡・田窪(1987)など）。それらの興味の中心は、専ら格助詞そのものの使い分けや制約の記述にあり、格助詞が交替してもそれぞれの文の意味は同じか、違ってもわずかなものとして扱われているように思われる[7]。果たして、"格助詞の交替現象"において文全体が表す意味に違いはないのであろうか。

例えば、(9a, b)に見られるような例は、この文だけで見れば意味の違いはないと言えるかも知れない。しかし、(10)(11)のそれぞれのaとbに許容度の差が認められることからも明らかなように、格助詞の違いが文の意味の違いに関わっていないとは考えにくい。

(10)a.　??彼はその店から出て、自分の店を開いた。
　　b.　彼はその店を出て、自分の店を開いた。
(11)a.　??彼は30歳の春にその店から出た。
　　b.　彼は30歳の春にその店を出た。

(10)の「自分の店を開いた」と(11)の「30歳の春に」は、文脈を指定する働きを持ち、(10)(11)に「彼が店の中から（店の外に）移動する」という解釈ではなく、「彼が店を辞める（退職・辞職・離職する）」という解釈を要請する。(10b)(11b)が文法的なのは、この解釈が可能だからである。しかし、

(10a)(11a)は「退職・辞職・離職」の解釈がされにくいため、非常に許容度の低い文になる。

(10a)(11a)で「退職・辞職・離職」の解釈がされにくいのはなぜか。本書は、これを「文の意味」と「構文の意味」が矛盾することによって起こると考える。(11a, b)を例にとって見てみよう。

(11a, b)は「30歳の春に」という文脈を指定する要素があることから、どちらの文にも「退職・辞職・離職」の解釈が期待される。ここで注意しなければならないのは、文脈により期待される解釈に格助詞は関わってはいないということである。(11')は話しことばで格助詞が省略された例である[8]。

(11') 彼、30の春に、その店φ出たんだって。

このように格助詞が明示されていなくても、「退職・辞職・離職」の解釈は優勢である。(11)のような文で、格助詞がなくても適当な解釈がなされるにもかかわらず、格助詞のカラがあると適格性が低くなるというのは、(11a)のカラが文の正しい解釈を何らかのかたちで妨げているからであると思われる。ただし、これを、(11a)は「その店」がカラ格で示されているから適格性が低くなる、というように説明するのでは不十分である。なぜカラ格がだめで、ヲ格がいいのかが説明されていないからである。本書では格助詞の交替により生じる統語的・意味的差異を、格助詞の意味(用法)の違いによって説明するのではなく、構文の概念を用いて説明する。構文は形式と意味が結びついたものであるから、形式が違えば構文の意味も違うし、構文の意味が違えば形式も違うと考える。そして、構文の形式にあたるものを格パターンとすれば、格助詞が交替するということは、単なる局所的な違いではなく、格パターンが変わるということになる。格パターン、つまり、形式が変わるということは、構文の意味も違ってくるということである。

そこで、「物理的移動」の意味は [_ガ _カラ '出る'] という格パターンと、「退職・辞職・離職」の意味は [_ガ _ヲ '出る'] という格パターンと結びついていると考えてみよう。すると(11a)は [_ガ _カラ '出る'] とい

う格パターンを用いているので「物理的移動」の意味が、一方の(11b)は［ _ガ_ヲ'出る'］という格パターンなので「退職・辞職・離職」の意味が想起されるということになる。

表1 格パターンと想起される意味の関係

格パターン	想起される意味
［ _ガ_カラ'出る'］	物理的な移動
［ _ガ_ヲ'出る'］	退職・辞職・離職

この考え方をとれば、(11b)は格パターンから想起される意味と文脈から要請される意味が同じであるので許されると言える。一方、(11a)は、格パターン［ _ガ_カラV ］から想起される意味は「物理的な移動」であるのに対し、文脈からは「退職・辞職・離職」の意味が要求される。そのため、格パターンから想起される「構文の意味」と文脈から要請される「文の意味」とが矛盾し、文全体としての据わりが悪く許容度の低い文となってしまうのである。

表2 文の意味と構文の意味の関係

	文脈から要請される「文の意味」	格パターンから想起される「構文の意味」	適格性
彼は30歳の春にその店から出た。	退職・辞職・離職	物理的な移動	??
彼は30歳の春にその店を出た。	退職・辞職・離職	退職・辞職・離職	○

以上の議論から言えることは、"格助詞の交替現象"は単なる局所的な格助詞の意味の違いによる交替の可否などの問題を超えて、文全体によって表される事態の捉え方の違い、即ち、構文選択と関わっているということであると言える[9]。大堀(2002)は、「文法を意味と形式のインターフェイスと考えるならば、意味(より広くは解釈手続き)を担う分析上の単位として新たに構

文を想定することは重要な意味を持つ(大堀 2002:126)」と述べ、この立場を以下のようにまとめている。

(12) 　言語知識とは、語彙・文法的に規定された一定のパタンに意味の解釈手続きが付与された単位から成立しており、言語使用はこうした構文知識に依存している。
　　　　　　　　　　　　　　　　　　　　　　　　　　(大堀 2002:126)

ここで大堀の言う構文知識とは、形式的特徴(統語論的カテゴリーについての情報)と意味的特徴(狭義の意味論的特徴と狭義の語用論的特徴)に分かれる。これを日本語にあてはめて考えると、構文の一定の形式には「格パターン」が深く関与していると言える。即ち、文の構成要素のうち、名詞や動詞といったいわゆる内容語を捨象すれば、機能語である格助詞が残る。従って、様々な構文はまず格パターンという形式的な特徴で捉えることができるのである。すると次には、形式的特徴は、意味的特徴と結びついているため、形式的特徴から意味的特徴をある程度まで規定することができると言える[10]。つまり、特定の格パターンは特定の構文的意味を想起すると言えるのである。

　さて、本題の"格助詞の交替現象"に戻ると、格助詞が交替するということは、構文の形式的特徴である格パターンが異なるということであり、これに伴い構文的な意味も違ってくる。本書では、"格助詞の交替現象"とは構文選択に関わるものであり、構文の違いは構文的意味の違い(つまりは事態認識の違い)と考える。この立場に立てば、例えば「教室{から／を}出る」等に対して、従来、語彙意味論的なアプローチで提案されていた「編入」などの意味規則による説明(影山(1980)、三宅(1996)、井上(2002)など)は、このような意味の違いを説明できないという点において問題が残る。(13)(14)の例を見てみよう。

(13) a.　子供たちが教室から廊下に出た。
　　 b.　*子供たちが教室を廊下に出た。

c.　子供たちが教室を出た。
(14) a.　子供たちが教室から(廊下に)移動した。
　　　b.　?子供たちが教室を移動した。

　(13)では、同じ「出る」でありながら、(13c)では編入が起こるのに、(13b)では起こらないのはなぜか。また、(14)では、「出る」では編入が起こるのに、類似した意味を持つ「移動する」では編入が起こらないのはなぜか。((14b)が許容されるのは、「教室を変更する」という解釈の場合のみである)。どのようなアプローチをとるにせよ、このような言語事実について説明しなければならない。(13)(14)のような事実に対して、語彙概念構造を構成する意味関数を用いた説明を行おうとすれば、文脈に応じた動詞ごとの意味規則を増大させる恐れがある((13b, c)の差をどう説明するのか)。また、仮に当該の動詞を用いた交替現象にはあてはまっても、同じような意味を表す他の動詞には有効ではない((14b)の「移動する」が編入しないのはなぜか)。

　繰り返しになるが、本書では、いわゆる"格助詞の交替現象"と言われるものは、格助詞の交替ではなく、構文の交替であると考える。つまり、格助詞が変わるということは、構文の形式的特徴である格パターンが異なるということであり、これに伴い構文的な意味も違ってくると考える。

1.2.3　格助詞の意味解釈

日本語の文法研究は、格助詞の研究であると言っても過言ではない[11]。それは、日本語においては、例えば使役表現におけるヲ使役文とニ使役文の相違、受動表現の動作主表示に関わるニ／ニヨッテ及びカラの相違、可能表現における目的語表示に関わるガ／ヲなど、主要な文レベルの統語的・意味的な議論には常に格助詞が問題となってくるからである。日本語は、文法関係の表示に格助詞が関わっている。つまり、ある文法現象を説明するために文法関係について議論する際には、格助詞への言及は不可避であると言える。ガ、ヲ、ニなどの格助詞は、それぞれに文法的な機能形態素としての働きを

持っていると言えるが、注目すべきは、それらの文レベルでの働きは多分にパターン化されているということである。上で挙げたニ格の多様な解釈を例にこの点について考えよう。

(15) = (3)　　**格助詞の意味解釈**
　　　a.　部屋にいる。
　　　b.　恋に悩む。
　　　c.　両親に頼る。

(15a～c)のニ格には、「場所」「対象」「相手」という少なくとも3つの用法があるが、これはニ格名詞句であれば常にこの3つの解釈を受ける可能性があるということではない。これらのニ格の解釈は、当該のそれぞれの文において決まるのである。即ち、特定の格助詞の組み合わせ（［ ＿ ニ ＿ ガ］［ ＿ ガ ＿ ニ］［ ＿ ガ ＿ ニ ＿ ヲ］など）によって、それぞれの格助詞の解釈は決定ないしは制限されるのである[12]。従来の日本語文法の多くは(15)のそれぞれのニ格の解釈を他と切り離して考察するものが多かった。しかし、ニ格の意味は、(16)のように、文レベルで他の格助詞や動詞との関わりが考慮されてはじめて解釈される。

(16) a.　ネコが部屋にいる。
　　b.　太郎が恋に悩む。
　　c.　花子が両親に学費を頼る。

注目すべきは、(16a)の［ ＿ ニ ＿ ガ V(存在動詞)］、(16b)の［ ＿ ガ ＿ ニ V(心理動詞)］、(16c)の［ ＿ ガ ＿ ニ ＿ ヲ V(働きかけ動詞)］という格パターン、及び、その動詞の意味クラスである。
　本書では、意味論的な考察と統語論的な考察を2つのレベルに分けた議論は行わないという点において、伝統的・一般的な分析とは異なっている。これを可能にするのが構文という概念である。従来、ある文法現象について考

察する際に、統語論的側面と意味論的側面(さらに語用論的側面)を分けて議論しなければならないということは、自明のこととして受け入れられてきた。しかしながら、本書の理論的背景となる Goldberg(1995)に代表される構文文法では、統語論と意味論との明確な区分を否定しており、本書でもこの立場に立つ[13]。構文文法では、「形式が同じであれば基本的に意味も同じであり、形式が異なれば意味も異なる」という「意味と形式の1対1対応(one-to-one correspondence between meaning and form)」の原則(Bolinger(1977)、Lyons(1977))に従っている。ここで言う形式とは、単に音形を持った語形を超えて形態素の配列や構文を含み、また、意味とは、形態素や語が持つ語彙的な意味を超えて、構文そのものが持つ意味を含むものである(菅井 2002:10)。注意すべきは、単にニ格の名詞句という形式の一致ではなく、より広く「格パターンとしての形式」の一致である。構文文法で言う「構文」とは、特定の形式に特定の意味が結びついて1つのまとまりをなす、「意味と形式の統合体(form-meaning correspondence)」であり、個々の動詞とは独立して存在するものである(Goldberg 1995:1)。Goldberg(1995)では、二重目的語構文、使役移動構文、結果構文、way 構文など英語の諸構文について論じているが、本書では、構文文法の考え方は日本語にこそ有用であると考える。その最も大きな理由は、日本語は格助詞による形態的な表示があるため、構文文法で想定されている「形式と意味の統合体」である構文の"形式"を明示的に格助詞によって整理することができるからである[14]。これは、文法関係が語順を中心として非形態的(構造的)に表示される英語との大きな違いである。

1.3 本書の構成

本書は2部構成となっている。第1部「従来の構文モデル―その可能性と限界―(1〜3章)」では、Goldberg(1995)に代表される構文文法を検討し、彼女の構文モデルの可能性と限界について議論する。そして、第2部「新たな構文モデル―イメージ・スキーマに基づく格パターン構文(4〜7章)」で、

日本語の項構造レベルの新たな構文モデルを提案し、様々な事例研究を通してこの有効性を検証していく。

以下は、各章の概要である。

第2章では、構文文法理論の概要について、Goldberg(1995)を中心に見ていく。そして、3章では、彼女の構文モデルの批判的な検討を行い、その可能性と限界について整理する。ここでの議論が、第2部の本書の構文モデルの出発点となっている。

続く4章と5章で、本書で提案する構文モデル、即ち、「イメージ・スキーマに基づく格パターン構文」に関わる諸概念について述べていく。第4章では、構文の形式と意味、及び、構文の拡張について議論する。4.1では構文の形式に関わる「格パターン」について、4.2では構文の意味に関わる「イベント・スキーマ」について詳しく述べる。第5章では、構文の意味である「イベント・スキーマ」を動機付けるものという観点から「イメージ・スキーマ」について考える。従来イメージ・スキーマとイベント・スキーマの関係についてはあまり議論されていなかったが、本書では、イメージ・スキーマこそが構文的意味の根源であり、構文の意味拡張はイメージ・スキーマを介してなされるということを主張する。

そして、第6章で、本書の構文モデル即ち、「イメージ・スキーマに基づく格パターン構文」を提示する。これは、構文の形式を格助詞の組み合わせからなる「格パターン」で、また、構文の意味を「イメージ・スキーマ」を意味基盤とする「イベント・スキーマ」によって定式化したものである。6.1では、4つの基本的構文、6.2では、3つの複合的構文について述べていく。

第7章では、この構文モデルを用いた事例研究が中心となる。ここで考察されるのが、本章1.2で提示した2つの問題である。7.1では、格助詞の交替現象について考察し、7.2では、構文から見た格助詞の意味解釈について考察する。これらの事例研究により本書の構文モデルの有効性が明らかになる。

注

1 国広(1982)は、「多義語」とは、同一の音形に、意味的に何らかの関連を持つ 2 つ以上の意味が結びついている語であり、「同音異義語」とは、同一の音形に、意味的に関連を持たない 2 つ以上の意味が存在する場合に生じる 2 つ以上の語と定義している(国広 1982:97)。なお、「多義語」の定義に関しては、この他に国広(1994, 1997: 第 2 部など)、籾山(2001)、籾山・深田(2003:4 章)などが詳しい。後の議論で明らかになるが、本書では、いわゆる "動詞の多義性"、厳密には、多義的別義(国広(1982)、籾山(2001, 2002)など参照)という見方はとらず、動詞とは豊かな内容を持った単一的、漠然性のある意味を持つものであると考える。これは、Goldberg(1995)の考え方を踏襲するものである。

2 ここでは議論が煩雑にならないように、いわゆる "格助詞の交替現象" を、「類似した意味を持つ各文で同じ意味役割を持つと思われる名詞句に後続する格助詞の形態が異なるもの」と述べておくが、本書では、この格助詞の交替によって、文の意味は違うものになり、また、意味役割も違うものになると考える。この問題に関しては、第 7 章で詳述する。

3 例えば、"多義語" とされる動詞「出る」について、日本語辞書『大辞林 − 第二版 − 』では 30 もの語義(意味・用法)が、『広辞苑 − 第五版 − 』でも 21 種類が挙げられている。30、21 のように分類数が異なるのは、国広(1997)が指摘するように、「多義を区別するときの精度の違い」のためであろう。また、どちらも非常に多くの意味を記述しているが、これも国広の指摘するように、「文脈の影響を受けて違って見える語義を細かく追及していけば、多義はいくらでも数を増す」ことの表れだろう。

4 ここでは項構造を述語が持っている項の数とそれらの意味役割に関する情報として議論を進める。この場合、個々の述語が持つ意味が項構造を規定するということになるが、この点に関して、語彙意味論的な考え方では、述語と項構造は直接結びついているのではなく、語の持つ意味構造が項構造を規定し、それに従って統語構造が決まるという(影山(1996, 2002)、影山・由本(1997)、今泉・郡司(2002)など)。

5 ここでは、議論を複雑にすることを避けるため、従来の一般的な考え方に倣い〈起点〉を充てておくが、本書の第 2 部に示す新たな構文モデルでは、これは〈起点〉と〈着点〉の「境界線」という分析を行う。詳細は第 7 章で述べる。

6 構文文法では、構文それ自体にも意味があるとし、また、語彙と同様に、構文にも多義性があるとする。

7 例えば、杉本(1986)には、(9)のような「カラ／ヲ」交替について、ヲの方が全体性が強まるという指摘があるが、文全体の意味の差異については述べていない。

8 話しことばでの格助詞の省略は、いわゆる構造格のガ、ヲ、及び、ニの一部は省略さ

れやすく、意味格(固有格)のカラ、デ、及び、ニの一部などは省略されにくいという事実がある。従って、この例でも「その店φ」はヲが省略されていると思われる。しかし、ここでの議論の中心は、何が省略されているかではなく、格助詞がなくても「退職・辞職・離職」の解釈がなされるということである。

9　格助詞の交替現象には、ここで述べた事態の捉え方が異なる「構文そのものが異なるもの」の他に、事態の捉え方には違いが認められない「同一構文のバリエーション」によるものとの2タイプがある。詳細については、第7章で述べる。
10　当然のことながら、格パターンだけでは構文的な意味を全て正しく規定することはできない。例えば、［ _ ガ］や［ _ ガ _ ヲ］という格パターンは多様な構文的意味と関係している。しかし、一方で、［ _ ガ _ ニ _ ヲ］や［ _ ガ _ カラ _ ニ］のような格パターンは数種類の構文的意味としか結びつかない。
11　これは日本語の文法史の観点からも言える。助詞(格助詞、係助詞など)の言及は、近代の山田文法、松下文法、橋本文法、時枝文法などよりもはるか以前に、「てにをは」として、中世(鎌倉室町期)に和歌等の制作・解釈のための用法記述が始まり、近世(江戸時代)には、本居宣長、富士谷成章などの研究が起こった(工藤(1993)参照)。
12　この種の格助詞の意味解釈と構文との関係も本書の中心的課題である。この問題に関しては第7章で議論する。
13　この問題を含めて、「構文文法」の言語観については、第2章で詳しく述べる。
14　本書では、格助詞の一定の組み合わせを「格パターン」として捉え、これに従って構文を整理していく。詳細は、第4章で述べる。

第 2 章　構文文法の概要：Goldberg (1995)を中心に

　ここ数年、構文文法の理解を深めるのに役立つ論考ないしは解説書が数多く出されている（例えば、大堀(2001, 2002)、早瀬(2001a, b, 2002)、吉村(2002a, b, c)、野村(2002a, b)、坪井(2002)、山梨(2000)、杉本(1998)、岩田(2001a, b)、藤井(2001)、河上編(1996)、辻編(2001, 2002, 2003)、吉村編(2003)など）。そして、Goldberg(1995)の翻訳が河上・早瀬・谷口・堀田訳(2001)として出されたが、これは単なる原著の日本語訳にとどまらず、非常に有益な「訳者解説」を含むものである。

　このように、構文文法に関する日本語で書かれた文献が増えてきたことは、日本における構文文法の発展に非常に大きな意味を持つ。それは、読者人口が増えるばかりではなく、単なる新しい理論の紹介の段階では取り立てて問題とされなかった通言語的な検証可能性が次の焦点となるからである。構文文法は、主に英語の言語現象を例として議論されているが、それらの考察が果たして英語特有のものなのか、通言語的な一般性を持ったものなのかの検証は議論の中心ではなかった。それが、日本語で書かれる機会が増えるに伴って日本語の言語現象についての言及も多くなると、次の段階として、従来の研究の引き写しではなく問題点を修正した新しいモデルの提案がなされてくる。本書も上記の有益な概説的先行研究の恩恵を受けつつ、Goldberg(1995)で議論されている構文文法を検討し、日本語の言語現象を説明するのに適した構文文法の新しいモデルを提案するものである[1]。本書は日本語の言語現象の解明に有効性を持つとともに、構文文法のさらなる理論的発展に寄与することを目的としている。大堀(2002)は、構文文法の近年の動向

について、「伝統文法の価値の1つであったトータルな記述と、理論的な文法研究がもたらした分析の精緻化は、ともに構文の概念を中心においた現代的なアプローチによって継承され、新たな研究が進められている(大堀 2002:136)」と明るい展望を示している。

以下、2.1で、構文の全体的な特色を提示し、そこから抽出される4つのキーとなる概念、即ち、「構文の定義・構文の意味」「構文間のネットワーク関係」「構文と動詞の関係」「構文文法の文法観」について検討していく。

2.1 構文文法の全体像

ここでは、Goldberg(1995)を中心に構文文法の基本的な考え方を概観する。まず、Goldberg(1995)の構文モデルの構文例を見てみよう。Goldberg(1995)では、以下のような意味と形式からなる構文(項構造構文)が扱われている。

表1 Goldberg(1995)の構文の例

Goldberg(1995)の構文の例		
Ditransitive construction 二重目的語構文	意味	X CAUSES Y to RECEIVE Z
	形式	SUBJ V OBJ OBJ_2
	(例) Pat faxed Bill the letter.	
Caused-motion construction 使役移動構文	意味	X CAUSES Y to MOVE Z
	形式	SUBJ V OBJ OBL
	(例) Pat sneezed the napkin off the table.	
Resultative construction 結果構文	意味	X CAUSES Y to BECOME Z
	形式	SUBJ V OBJ X_{COMP}
	(例) She kissed him unconscious.	
Intransitive motion construction 自動詞構文	意味	X MOVES Y
	形式	SUBJ V OBL
	(例) The fly buzzed into the room.	

例えば、二重目的語構文は、X CAUSES Y to RECEIVE Z という意味(構文

的意味)と SUBJ V OBJ OBJ$_2$ という形式(統語形式)からなっている。'Pat faxed Bill the letter.' はこの二重目的語構文の具体例である。

　Goldberg(1995)では、上記のような構文について興味深い分析が展開されているが、吉村(2002c)によれば、この Goldberg(1995)を含めた構文文法の全体的な特色は、以下のようにまとめられると言う。

(1)　**構文文法の特色**(吉村 2002c:81)
　①構文にはそれ自体に意味があり(構文的意味)、それは経験的基盤を持つゲシュタルトとしての場面に直接結びつく
　②構文は、語彙項目のように、個々それぞれを独立させて記述・記録するだけのリストではなく、相互に関連し合う情報が高度に構造化されたカテゴリーである
　③そうした高度な構造化は、典型とその構文的拡張からなるプロトタイプ構造をなしており(構文間の関係)、構文同士がネットワーク的な連携を形成している
　④表現全体の意味について、動詞の語彙的特性がその全てを決定するとはみなさない
　⑤(第4の点に関連して)構文の内部構造を決定する要素として、動詞及びその項構造が重要であるが、それらが構文的意味とどのように関わり合うかを記述・説明する
　⑥構文スキーマの喚起、ならびに語彙フレームにまつわる意味論的・語用論的・場面的知識が表現全体の解釈に関わってくる

①②は構文文法における「構文の定義」、及び、「構文的意味」に関わるものである。③は「構文間のネットワーク関係」についてのものであるが、これは、構文文法では、構文も語彙項目と同様に意味を持つということからの帰結である。④⑤は「構文と動詞との関係」についてのものである。これは、構文文法では、例えば語彙意味論などで想定されている「語彙概念構造→項構造→統語構造」という立場をとらないという文法観の問題とも関わってく

る。⑥は「構文文法の文法観」についてのものと言えるが、これは、構文文法が基本的に Fillmore のフレーム意味論や認知意味論に影響を受けていることの表れである。

　吉村の挙げている①〜⑥をまとめると、構文文法では、「構文の定義及び構文的意味」、「構文間のネットワーク関係」、「構文と動詞との関係」、「構文文法の文法観」などにおいて、従来とは異なった考え方を持っていることがわかる。以下では、構文文法の全体像をつかむべく、この4つのキーとなる事柄について順に検討していきたい。

2.1.1　構文の定義、及び、構文的意味
◆構文の定義

まず、構文文法で言う「構文」とはどんなものであるかについて見てみよう。最初に確認しておきたいことは、構文文法での「構文(construction)」という概念は、従来の伝統的なそれとは別のものであるということである。吉村(2002a)は、伝統的な意味での「構文」は、類似文の集合を統語の型から整理したリストのように受けとめられ、多くの場合、記述的・学習的な便宜から、記憶・記録されるべき、特に説明の必要のない事実と考えられてきた、と指摘している。しかしながら、認知言語学で言う「構文」の捉え方は、学習的に記憶されるべきもの、原理適用の結果たまたま生じてきた産物ではなく、もっと、能動的・発展的・躍動的であるとされる。即ち、構文文法における「構文」は、意味と形式との結びつきが1つのカテゴリーとして実現されたもので、典型と拡張の幅を有し、相互に関わりを持つ言語的に有意なまとまりとみなされる、と述べている(吉村 2002a:75)。

　Goldberg(1995)は、特定の意味構造とそれに結合する形式とを併せたものが「構文」であり、この構文はそれを具体化する役割を持つ語彙項目とは別の独立した存在である、と述べている(Goldberg 1995:2)。ここでは構文を以下のように考えておく。

> 構文(construction)とは、個々の動詞とは独立して存在する「意味と形式の統合体(form-meaning correspondences)」である

構文文法では、言語を構成する基本単位は"構文(construction)"であると考えており、文とは、構文の具体例であると考えられている。

◆構文的意味

構文文法では、構文にはそれ自体に意味があると考えられている。これは「構文的意味(constructional meaning)」と呼ばれる。そして、構文的意味は、経験的基盤を持つゲシュタルトとしての場面に直接結びついていると考える。構文文法に限らず、一般に認知言語学的なアプローチでは、「ゲシュタルト(Gestalt)」的な知覚を重視している。ゲシュタルト心理学(Gestalt psychology)に基づくゲシュタルト知覚という考え方は、概ね、1)全体の性質は部分の総和ではなく、総和以上の価値を持ち、2)部分の性質は全体の中で規定される、というものである。ゲシュタルト知覚についてはここでは深く立ち入らないが、重要なのは、構文の意味はそれを構成する動詞などの語の意味の総和ではなく、それ以上のものであり、また、語の意味は構文の中で規定される(つまり、構文の意味は動詞などの語の意味の総和に還元できない)ということである。これについては、Goldberg(1995)の 'way 構文' を用いた説明が知られている(早瀬(2002a)、野村(2002)参照)。

Goldberg(1995)によると、'way 構文' は、主語が前置詞句によって表される経路に沿って移動することを含意するが、これは、この構文を構成している個々の部分をもとにするだけでは予測できないと言う。'way 構文' の例である(2a, b)は、「移動」を含意するが、それぞれに用いられているどの語彙項目も「移動」を表さないとし、(3)を挙げている。

(2) a.　Frank dug his way out of the prison.　　　　(Goldberg 1995:199)
　　 b.　Frank found his way to New York.　　　　　　　　　　　(同上)
(3) a.　Frank dug his escape route out of the prison.　　　　　(同上)

b. Frank found a way to New York.　　　　　　　　　（同上）

（3）は、前置詞句が直接目的語を修飾しているという解釈しか持たず、「移動」を含意しない。これは、'but he hasn't gone yet' を加えた（2'）（3'）の対比からわかると言う。つまり、'but he hasn't gone yet' を含む（3'）が適格文であるということは、（3）は「移動」の意味を含意しないということである。

（2'）a. *Frank dug his way out of the prison, but he hasn't gone yet.
　　　　　　　　　　　　　　　　　　　　　　　（Goldberg 1995:200）
　　 b. *Frank found his way to New York, but he hasn't gone yet.　（同上）
（3'）a. Frank dug his escape route out of the prison, but he hasn't gone yet.
　　　　　　　　　　　　　　　　　　　　　　　（Goldberg 1995:199）
　　 b. Frank found a way to New York, but he hasn't gone yet.　（同上）

ここまでの例で、'way' が「移動」を言語化していないということは明らかであるが、では、'one's way' はどうかというと、これも（18）のように「移動」の意味を含意しない（（4）は「町の地理に明るい」という解釈になる）。

（4）　He knows his way around town.　　　　　（Goldberg 1995:200）

以上のような例から、Goldberg（1995）は、'way 構文' の解釈は特定の語彙項目の意味からは十分に予測できないと結論付けている。このように、'way 構文' の意味はゲシュタルトをなし、部分の意味の総和によっては捉えられないと言える。そして、このような、構成要素には還元されない構文自体が持つ意味のことを「構文的意味」と言う。

構文の意味は、動詞などの語の意味に還元できない独自のものである

では、構文の意味とは具体的にはどのようなものなのか。表1で略述した

が、英語の二重目的語構文の「構文の意味」は、X CAUSES Y to RECEIVE Z という形で示される。これは、語彙意味論で用いられる動詞の語彙概念構造とよく似たものである。アプローチの違いこそあれ、'Pat faxed Bill the letter.' のような文の意味解釈には、X CAUSES Y to RECEIVE Z というようなものが含まれるということは直観的にも否定できない。問題はこのような意味をどのカテゴリーで扱うかである。簡単に言えば、構文文法では、この種の意味こそ構文の意味であると考える。つまり、語彙意味論で想定されているような語彙概念構造的な意味は、動詞に帰属するものではなく、構文に備わっているものと考えるのである。こうすることにより、様々な交替現象や"動詞の多義性"などを説明するために、1つの動詞の語彙概念構造を何通りも提案したりする必要はなくなり、動詞ごとの細かな制約も必要ではなくなる。以上のような、動詞の意味と構文の意味は異なるものであるということについては、2.1.3 で詳しく述べることにしたい。

次に、ある構文と他の構文はどのような関係を持っているのかということについて見ていく。

2.1.2 構文間のネットワーク関係

構文は、語彙項目のように、個々それぞれを独立させて記述・記録するだけのリストではなく、相互に関連し合う情報が高度に構造化されたカテゴリーであり、そうした高度な構造化は、典型とその構文的拡張からなるプロトタイプ構造をなし、構文同士がネットワーク的な連携を形成している。

> 構文的拡張(constructional extension)とは、構文の意味が中心義からそれと関連する意味に拡張していくことを言う

これを Goldberg(1995)の二重目的語構文(ditransitive construction)を例として見てみよう。

Goldberg(1995)は、構文は複数の意味が関連し合って1つのカテゴリーを構成していると述べている。二重目的語構文には、抽象的な意味が1つだ

け結びついているのではなく、相互に関連し合う一群の意味に結びついていると言う。

（5） Goldberg(1995)の「多義性のリンク Polysemy links」
〈二重目的語構文 ditransitive construction の場合〉
〈1〉 'X CAUSES Y to RECEIVE Z'(central sense：中心義)
e.g. Joe gave Sally the book.
〈2〉 Conditions of satisfaction imply 'X CAUSES Y to RECEIVE Z'
e.g. Joe promised Bob a car.
〈3〉 'X ENABLES Y to RECEIVE Z'
e.g. Joe permitted Chris an apple.
〈4〉 'X CAUSES Y not to RECEIVE Z'
e.g. Joe refused Bob a cookie.
〈5〉 'X INTENDS to CAUSE Y to RECEIVE Z'
e.g. Joe baked Bob a cake.
〈6〉 'X ACT to CAUSE Y to RECEIVE Z'
e.g. Joe bequeathed Bob a fortune.

　Goldberg(1995)は、二重目的語構文は、〈1〉を中心義としてそこから〈2〉〜〈6〉などの多様な意味に拡張していると述べ、これを「多義性リンク Polysemy links」と呼んでいる。
　構文文法では、構文はそれぞれバラバラに存在しているのではなく、ネットワークを形成していると考える。Goldberg(1995)はそのような構文間の関係は、図1のような「継承リンク inheritance link」により捉えられると述べている。構文 C_2 が構文 C_1 の統語的・意味的特徴を継承している場合、構文 C_1 が構文 C_2 を動機付け、両者に非対称的な、即ち、構文 C_1 が構文 C_2 を支配するかたちで、構文 C_1 と C_2 の間に継承リンクが認められるというものである。

```
C₁ □
  │ I
  ↓
C₂ ■
```

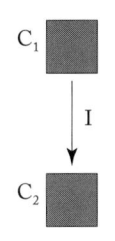

C_2 inherits from C_1 (C_2 が C_1 を継承する)
C_1 dominates C_2 (C_1 が C_2 を支配する)
C_1 motivates C_2 (C_1 が C_2 を動機付ける)
I = inheritance link　継承リンク

図1　構文間の継承関係（Goldberg 1995:73）

上で見た(5)は、二重目的語構文文法という同一の構文に見られる多義性のリンクの例であるが、Goldberg(1995)ではこれを含めた4種類の「継承リンク(inheritance link)」が提案されている。

(6)　**4種類の継承リンク**
　　a.　I_P：多義性リンク
　　　　→ C_2 が C_1 の統語的特徴を全て継承しているが、意味的には拡張されている場合
　　b.　I_M：メタファーリンク
　　　　→ C_1 の構文的意味がメタファーにより拡張され、C_2 に写像されている場合
　　c.　I_S：部分リンク
　　　　→ C_2 が意味的にも形式的にも C_1 の部分である場合
　　d.　I_I：事例リンク
　　　　→ C_2 が C_1 の特殊な例である場合

それぞれの継承リンクの詳細については割愛するが、ここでは、この4種類の継承リンクによって形成される構文のネットワークを図2として提示しておく(河上編(1996:176)，一部改)。

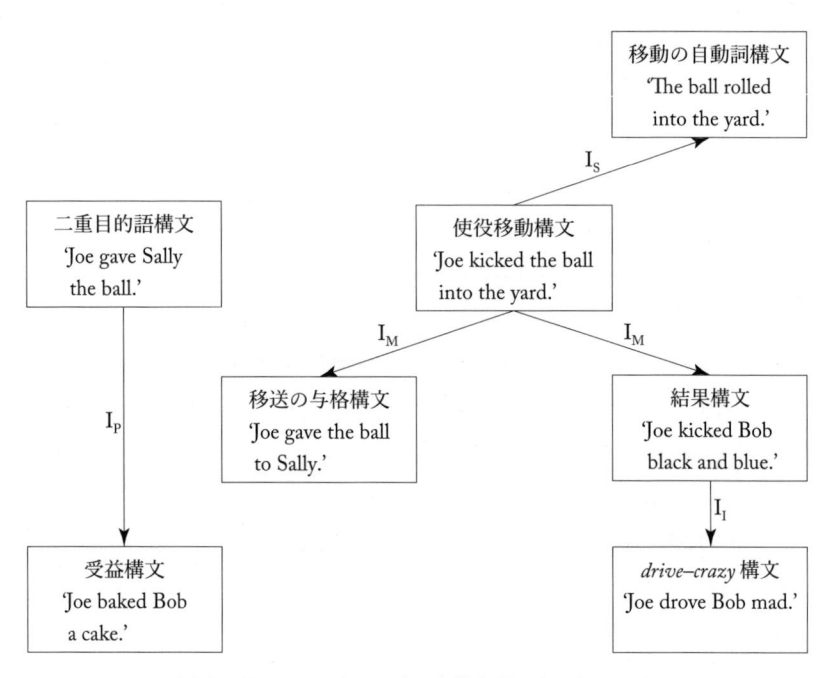

```
                                              移動の自動詞構文
                                              'The ball rolled
                                               into the yard.'
                                                    ↑
                                                    I_S
                                                    │
   二重目的語構文              使役移動構文
   'Joe gave Sally            'Joe kicked the ball
    the ball.'                 into the yard.'
                          ↙ I_M              I_M ↘
         │         移送の与格構文              結果構文
        I_P       'Joe gave the ball         'Joe kicked Bob
         │         to Sally.'                 black and blue.'
         ↓                                         │
                                                  I_I
   受益構文                                         ↓
   'Joe baked Bob                            drive-crazy 構文
    a cake.'                                 'Joe drove Bob mad.'
```

図2　Goldberg(1995)での構文間のネットワーク

2.1.3　構文と動詞の関係：参与者役割・項役割

　まず、(1–④)の「表現全体の意味について、動詞の語彙的特性がその全てを決定するとはみなさない」ということから考えてみよう。

　Goldberg(1995)は、文の意味解釈には、個々の語彙項目が多大な情報を供給していることは疑う余地はないとしながらも、完全に語彙のみに依存するボトムアップの方式では(7a–c)のような例を全て説明することはできないと述べている。

(7) a. He sneezed the napkin off the table.　　　　(Goldberg 1995:9)
　　　 （彼はくしゃみをしてナプキンをテーブルから吹き飛ばした）
　　b. She baked him a cake.　　　　　　　　　　　　　　　(同上)
　　　 （彼女は彼にケーキを焼いた）
　　c. Dan talked himself blue in the face.　　　　　　　　　　(同上)

(ダンはしゃべりすぎてくたくたになった)

(訳：筆者)

　Goldberg(1995)は、語彙意味論的な理論では、例えば(7a)を説明する場合、自動詞の代表例である sneeze が実際には3項の 'X CAUSES Y to MOVE Z by sneezing' という意味を持つとしなければならなくなると指摘している。また、(7b)では、bake に agent、theme、recipient という3項からなる特別の意味があると言わなければならなくなり、これは結局、bake が 'X INTENDS to CAUSE Y to HAVE Z by baking' のような内容を含む意味を持つということになると述べている。また、(7c)も同様に、talk に 'X CAUSES Y to BECOME Z by talking' という特別な意味を仮定しなくてはならないと述べ、文の意味解釈を動詞の語彙特性から説明する(例えば語彙意味論的な)方法では完全に説明しきれない点が生じてくると指摘している(Goldberg 1995:9)。

　構文文法では、このような多様な文の意味は、動詞の意味だけによるものではなく、構文の意味が強く関わっていると考える。即ち、(7a)の解釈は、「使役移動構文」の構文的意味(X CAUSES Y to MOVE Z)と動詞 sneeze の持つ意味の融合によるものであり、同様に、(7b)の解釈は、「二重目的語構文」の構文的意味(X CAUSES Y to RECEIVE Z)と動詞 bake の持つ意味の融合、(7c)の解釈は、「結果構文」の構文的意味(X CAUSES Y to BECOME Z)と動詞 talk の持つ意味の融合によるものであると考える。

　しかし、このような立場をとれば、構文の意味と動詞の意味はどのような関係にあるのか、また、どのような方法で構文と動詞の融合を規定するのかという疑問が生じる。これは、(1-⑤)の「構文の内部構造を決定する要素として、動詞及びその項構造が重要であるが、それらが構文的意味とどのように関わり合うか」ということに通じる。次にこの問題について考えてみよう。

2.1.3.1　参与者役割と項役割

1つの動詞が複数の意味と結びついている場合を考えてみよう。例えば、kick は（8）のように様々な意味に解釈される。

（8）a.　Pat kicked the wall.　　　　　　　　　　　　（Goldberg 1995:11）
　　b.　Pat kicked Bob black and blue.　　　　　　　　（同上）
　　c.　Pat kicked the football into the stadium.　　　（同上）
　　d.　Pat kicked at the football.　　　　　　　　　　（同上）
　　e.　Pat kicked his foot against the chair.　　　　　（同上）
　　d.　Pat kicked Bob the football.　　　　　　　　　（同上）
　　e.　The horse kicks.　　　　　　　　　　　　　　（同上）
　　f.　Pat kicked his way out of the operating room.　（同上）

このような例を説明する場合、kick を多義語として、kick 自身に複数の意味を担わせる方法が一般的である。これに対して Goldberg(1995) は、動詞の意味は常に一定であるという立場をとる。即ち、動詞は、フレーム意味論的意味での、豊かな単一の内容を持つと考えるのである。

　kick により想起される事態は、「蹴る人」が「蹴られる物／人」に対して「蹴る」ということだけではない。「蹴られる物／人」は、蹴られることにより、位置変化（ボールが飛んでいく等）や状態変化（ガラスの瓶が割れる等）を起こす。また、「蹴る人」も蹴った反動でよろけたり、足に痛みを覚えたり、怪我をしたりするかも知れない。さらに、蹴られるモノが地面や動かない巨大な物体である場合、蹴ることによって「蹴る人」自身が移動することも考えられる。つまり、「蹴る」という事態はこのような様々な背景的知識と結びついていると言える。このような背景的な知識、即ち、ある概念を理解するのに前提となるような知識構造はフレーム（frame）と呼ばれ、このフレームを重視する意味論がフレーム意味論（frame semantics）である（Fillmore (1982) など）。Goldberg(1995) の構文文法では、動詞の意味に対してフレーム意味論的な見方をしている。この見方をとれば、動詞の意味はそれが用い

られる文の意味の解釈に関わらず常に一定であるということになる。しかし、このような考えは、言語表現にどのように反映されるのか、また、文法として記述可能なのか、という問題に答えなければならない。

　Goldberg(1995)の構文文法では、動詞の意味と構文の意味を別立てで考えている。そして、動詞が持つフレームの中で中心的役割を果たす要素を「参与者役割(participant role)」、構文が持つ意味の中で文法項が担う役割を「項役割(argument role)」と呼ぶ。項役割は、いわゆる意味役割(Fillmoreの初期のcase roleやGruber(1975)のthematic role)にあたる概念である。参与者役割は、項役割の具体例であり、フレーム意味論的な考え方に基づいて個々の動詞によって指定される役割である。例えば(8)のkickの参与者役割は、a～fのような文全体の意味に関わらず、いずれもkick〈kicker kicked〉である。しかし、項役割はそれぞれの構文に応じて異なる。(8d)のような二重目的語構文では、〈agent recipient patient〉となる[2]。

（9）　'Pat kicked Bob the football.' の参与者役割と項役割
　　　　kickの参与者役割…………〈kicker kicked〉→動詞の意味
　　　　二重目的語構文の項役割…〈agent recipient patient〉→構文の意味

構文文法で言う動詞の意味と構文の意味の融合(fusion)というのは、具体的には、ある動詞が特定の構文に現れることによって、参与者役割と項役割が融合されるということである。この融合の仕方と参与者役割と項役割の性質についてもう少し詳しく見てみよう。

2.1.3.2　参与者役割・項役割のプロファイル
動詞の豊かで単一のフレーム的な意味から中心的な参与者が参与者役割となるということを見てきたが、この参与者役割の中にも際だちの度合いが異なる場合がある。これをGoldberg(1995)の挙げているrobとstealの例で考えてみよう。
　robとstealはいずれも同じ参与者役割〈thief target goods〉を持っている

ため、一見同義のように見える。しかし、両者は、(10)(11)のように、統語的に異なる振る舞いを見せることからも同義ではないことがわかる。

(10) a. Jesse robbed the rich (of all their money). 　　(Goldberg 1995:45)
　　 b. *Jesse robbed a million dollars (from the rich). 　　(同上)
(11) a. Jesse stole money (from the rich). 　　(同上)
　　 b. *Jesse stole the rich (of money). 　　(同上)

rob は target となる人に深刻な影響を与えるということを意味するが、steal には target への悪影響よりも goods が盗まれたことに比重が置かれる。Goldberg(1995)では、「プロファイル(profile)」という概念を用いて、この問題の解決を図っている。プロファイルとは、概念内容の全体である背景的な「ベース(base)」に対して、焦点化・前景化されたものであり、Langacker(1987, 1991)などの認知文法で用いられているものである。Goldberg は、rob と steal は同じ意味的なフレームを喚起するが、プロファイルされる参与者役割が異なると説明するのである。つまり、下の図3のように、steal も rob も thief をプロファイルするという点は共通するが、残る参与者役割の target と goods のうち、steal は goods のみをプロファイルし、rob は target をプロファイルする。

図3　Goldberg(1995:47)

このように、rob と steal の参与者役割は、プロファイルされるもの(太字で示されたもの)が異なる。

(12) a. rob ⟨**thief** target **goods**⟩ (Goldberg 1995:45)
　　 b. steal ⟨**thief** target **goods**⟩ (同上)

それぞれ太字で示されたプロファイルされた参与者役割は、必須の文法項として具現化される。

　さて、このプロファイルという考えは、構文の意味に関わる項役割にも用いられる。Goldberg(1995)での項役割とはいわゆる意味役割に相当するものであったが、その中でプロファイルされるのは主語や目的語といった文法関係と直接的に結びつくものに限られる。例えば、典型的な二重目的語構文(John gave Mary the book. など)の場合、3つの参与者役割がいずれもプロファイルされる(agt, rec, pat は agent, recipient, patient に対応する)。

(13)　CAUSE–RECEIVE ⟨**agt**　**rec**　**pat**⟩
　　　　　　　　　　　　↓　　↓　　↓
　　　　　　　　　　　SUBJ OBJ OBJ$_2$

これに対し、文法関係において斜格で示される項役割はプロファイルされない[3]。例えば使役移動構文(John kicked the football into the stadium. など)では、3つの項役割のうち、文法関係の斜格と結びつく goal はプロファイルされない。

(14)　CAUSE–MOVE ⟨**cause**　**goal**　**theme**⟩
　　　　　　　　　　　　↓　　↓　　↓
　　　　　　　　　　　SUBJ OBL OBJ

このような参与者役割と項役割のプロファイルの指定は、参与者役割と項役割の融合に関わってくる。

2.1.3.3 参与者役割と項役割の融合

構文文法では、ある動詞が特定の構文に現れることによって、参与者役割と項役割が融合(fusion)されると考えられている。Goldberg(1995)は、ある動詞がある構文に慣習的に結びつく動詞のクラスのメンバーである場合、その動詞の参与者役割は項構造構文の項役割と意味的に融合し得るとし、融合は、以下の2つの原則に従うと述べている(Goldberg 1995:50)。

(15) 「意味的一貫性の原則」と「対応関係の原則」
    a. **意味的一貫性の原則**：意味的に両立可能な役割のみが融合できる。参与者役割は融合される項役割の具体例でなければならない。
    b. **対応関係の原則**：語彙的にプロファイルされ、表現される参与者役割は、プロファイルされる項役割と融合されなければならない。ある動詞で3つの参与者役割がプロファイルされる場合、そのうち1つはプロファイルされない項役割と融合しても良い。

例えば、二重目的語構文は図4のように示される(agt, rec, pat はそれぞれ agent, recipient, patient に対応する。SUB は主語、OBJ は目的語、OBJ_2 は第2目的語を示す)。

```
Sem        CAUSE-RECEIVE   ⟨agt   rec   pat⟩
               |R            |     ⋮     |
R:            PRED          ⟨           ⟩
instance,
 means         ↓             ↓     ↓     ↓
Syn            V            SUBJ  OBJ   OBJ₂
```

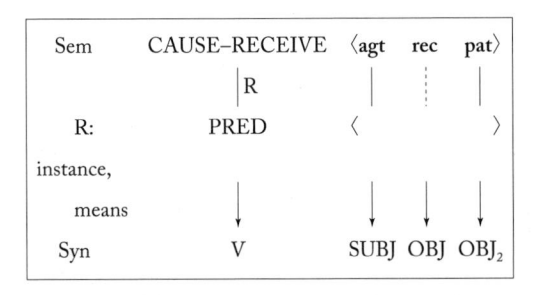

図4　二重目的語構文(Goldberg 1995:50)

二重目的語構文の意味(Sem)は、CAUSE-RECEIVE で、3つの項役割 ⟨agt rec pat⟩ がいずれもプロファイルされている。PRED は具体的な動詞を値

としてとる変項であり、R はその動詞の意味が構文の意味に対してどのような意味関係にあるのかを指定する(例えば、具体例 instance や方法 means など)。動詞が持つ参与者役割のうち、プロファイルされたもの(太字のもの)が構文の持つ項役割と義務的に融合する必要があれば、両者は実線で結ばれる。また、動詞の参与者役割が項役割と義務的に融合しなくても良い場合は、両者は点線で結ばれる。これは、二重目的語構文の 3 つの項役割 〈agt rec pat〉のうち、rec は動詞の参与者役割と融合されなくても、つまり、動詞の参与者役割は 3 つではなくても良いということである。ただし、動詞の参与者役割が 3 つない場合でも、項役割は必須の文法項として文に具現化されなければならない。

　この二重目的語構文に具体的に動詞が融合した例を見てみよう。図 4 の二重目的語構文に、動詞 hand が挿入されると、以下の図 5 のようになる。この場合、動詞 hand の参与者役割 〈hander handee handed〉が 3 つともプロファイルされるので、3 つの項役割と実線で結ばれる。

```
Sem           CAUSE–RECEIVE  〈 agt   rec   pat 〉
                   |           |     |     |
                   R           |     |     |
R: instance,      HAND        〈hander handee handed〉
    means           |           |     |     |
                    ↓           ↓     ↓     ↓
Syn                 V          SUBJ  OBJ   OBJ₂
```

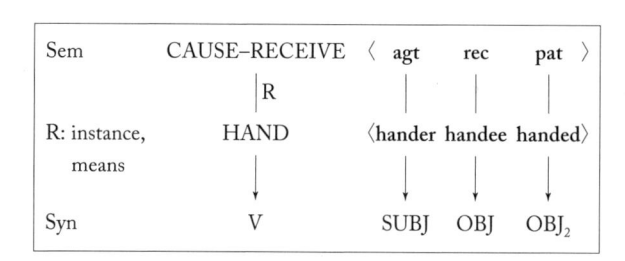

図 5　合成構造：二重目的語構文＋ hand (Goldberg 1995:51)

hand のように参与者役割と項役割が一致する場合は、動詞の意味と構文の意味が融合するという構文文法の主張はあまり説得的ではなく、これでは、従来の語彙意味論的な考え方を否定するような理論的な根拠が弱いと思われるかも知れない。しかし、構文文法で提案されている構文と動詞の融合という考え方が有効なのは、以下の例のような場合である。

(16) a.　Pat kicked Bob the football.　　　　　　(Goldberg 1995:11)

b.　He sneezed the napkin off the table.　　　（Goldberg 1995:9）

　kick と sneeze は、その基本的な意味から考えて、いわゆる3項動詞とは言えない。kick は、「蹴る人」と「蹴るもの」という2つの要素を、sneeze は「くしゃみをする人」という1つの要素のみを要求すると言える[4]。kick の動詞の意味に関わる参与者役割は既に（9）で述べたが、sneeze の参与者役割と併せて再掲する。

(16')a.　kick の参与者役割……　〈kicker kicked〉
　　　b.　sneeze の参与者役割…　〈sneezer〉

　kick の参与者役割〈kicker kicked〉は、2つともプロファイルされる。同様に sneeze の参与者役割〈sneezer〉もプロファイルされる。このような参与者役割の数と項役割の数とが一致しない場合にこそ構文文法の動詞と構文の融合という考え方が真価を発揮する。まず、（16a）の kick と二重目的語構文の融合から見てみよう。
　kick の参与者役割は〈kicker〉と〈kicked〉の2つしかなく、（16a）の「Bob」にあたる参与者役割はない。つまり、構文の項役割の〈rec〉に融合するものは kick の参与者役割には存在しないということになる（図6参照）。

```
Sem       CAUSES–RECEIVE  〈 agt    rec    pat 〉
                  |R       |       ┊      |
R: means        KICK     〈kicker        kicked〉
                  ↓        ↓      ↓       ↓
Syn              V        SUBJ    OBJ    OBJ₂
```

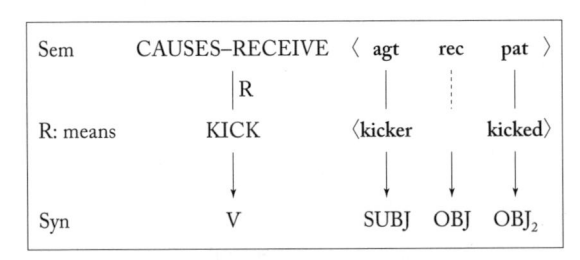

図6　合成構造：二重目的語構文＋ *kick*（Goldberg 1995:54）

　構文文法では、このように動詞の意味にないものは構文から与えられていると考える。つまり、「Pat kicked *Bob* the football.」の「Bob」が担うべき「受

け手」の意味は、動詞 kick の意味から与えられるのではなく、構文の意味から与えられるのである。では、なぜ、動詞の参与者役割にないものが構文の項役割と融合することができるのか。ここで、重要なのが、先に見たフレーム意味論の考え方である。われわれは kick のフレーム的な意味として、ボールを蹴ったらボールは移動し、その移動はあるところまで続く（運動の力がなくなるか、何かにぶつかるか、誰かに取られるか）という背景的な知識を持っている。このようなフレーム的な知識をもとに、モノ（football）の授与が kick という手段でなされるという自然な解釈が可能になる（これは、図 6 中段左の R（関係）が means（手段）というかたちで示される）。その結果、2 項の動詞 kick は意味的に矛盾することなく、二重目的語構文と融合できるのである。

　さらに、参与者役割が 1 つしかない sneeze が (16b) の「He sneezed the napkin off the table.」という文に用いられているという事実も構文文法の主張を裏付けるものとなる。(16b) は、使役移動構文（Caused-motion construction）と動詞 sneeze が融合した例である。これは、図 7 のように示される。

```
Sem       CAUSE-MOVE   〈 cause  goal  theme〉
                |R         |            |
R: means    SNEEZE      〈sneezer            〉
                ↓          ↓    ↓     ↓
Syn           V          SUBJ  OBL   OBJ
```

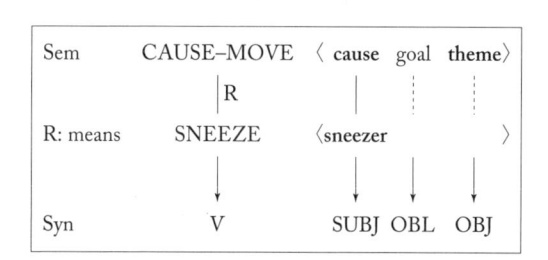

図 7　合成構造：使役移動構文 + *sneeze*（Goldberg 1995:54）

Goldberg(1995) によれば、使役移動構文は、X CAUSES Y to MOVE Z という構文的な意味を持っていると言う。使役移動構文の項役割は、〈cause goal theme〉の 3 つ（このうち、太字で示された〈cause〉〈theme〉の 2 つがプロファイルされる）である。この構文に融合する動詞 sneeze の参与者役割は〈sneezer〉1 つしかなく、これは、項役割の〈cause〉と融合する。この

場合においても「the napkin」と「off the table」は動詞の基本的な意味である参与者役割ではなく、構文の項役割から与えられるものである。そして、使役移動構文と動詞 sneeze の融合は、フレーム意味論的な知識により保証される。即ち、くしゃみは、下の図8のように、空気が鼻や口から激しく放出される生理現象であり、放出された空気は、軽いものを移動させる手段となり得るという知識に基づき、使役移動構文と動詞 sneeze の融合が許されるのである。

図8 「くしゃみをする」のフレーム（一部）

さて、図5〜7に見られるような構文と動詞の融合において、中段のRで示されている構文と動詞の関係にはどの種類があるのだろうか。Goldberg (1995) では、構文の指定する事態のタイプ (e_v) と動詞が指定する事態のタイプ (e_c) について触れ、e_v は以下のような方法で e_c と関連性を持たなければならないと述べている[5]。

(17)　　構文の事態のタイプ (e_v) と動詞の事態のタイプ (e_c) の関係：
  a.　e_v may be a subtype of e_c (e_v が e_c の下位タイプである)
  b.　e_v may designate the means of e_c (e_v が e_c の手段を指定する)
  c.　e_v may designate the result of e_c (e_v が e_c の結果を指定する)
  d.　e_v may designate a precondition of e_c (e_v が e_c の前提条件を指定する)
  e.　To a very limited extent, e_v may designate the manner of e_c, the means of identifying e_c, or the intended result of e_c (e_v が e_c の様態、同定する手段、意図される結果を指定する)

(Goldberg(1995:65)(訳：筆者))

Goldberg は、(17a 〜 e) の全ての関係が等しいわけではないとし、(17a) の「下位タイプ」の場合がプロトタイプ的であり、普遍的であると述べている。また、(17b) の「手段」の可否については、言語に特有のパラメターがあるようだと指摘している。ただし、このような構文と動詞の融合に関わる条件は、今後、精緻化していく必要があると思われる。

2.2 構文文法の文法観

構文文法は、どのような文法観を持っているのだろうか。ここでは、構文文法では、統語論、意味論、語用論はどのように位置づけられているのか、また、文の適格性の判断、ないしは、文の意味解釈はどのようになされるのかという問題について考えてみる。

ここまでの議論で明らかなように、構文文法では、構文も意味を持つと考え、意味と形式からなる統合体としての「構文」の存在を認め、これを説明記述の単位として用いている。このように、構文を意味と形式の統合体と考えることで、従来の文法観とは異なる 2 つの特徴的な考え方が認められる。即ち、(ⅰ) 同じく意味と形式の統合体である「語彙」との境界は曖昧なものである、(ⅱ) 統語論と意味論・語用論の峻別も否定される、という考え方である。この 2 つの考え方について順に述べる。

Goldberg(1995) は、構文文法では、辞書 (lexicon) と統語の間に厳密な区別を想定せず、また、語彙的構文と統語的構文は、内部構造の複雑さや音韻形式が特定される程度差において異なるものの、本質的にはどちらも、形式と意味からなるペアであるという点で等しいと述べている (Goldberg 1995:7)。つまり、構文的な知識と語彙的な知識は連続的であるということになる[6]。このような考えを基に、2.1.2 で見た「構文間のネットワーク」という発想が出てくる。構文はそれぞれバラバラに存在しているのではなく、ネットワークを形成しており、Goldberg(1995) は、そのような構文間の関

係を「継承リンク(inheritance link)」により捉えている。そして、複数の構文の間にプロトタイプ効果が認められる。これは、2.1.2 に挙げた二重目的語構文で見た通りである。一般に、語彙の意味が典型的な事例であるプロトタイプを中心に意味的に拡張していくという考えは広く受け入れられているものであるが、語彙と構文との間に連続性を認める構文文法では、語彙の拡張に用いられる手法を構文の拡張にもあてはめて考え、中心的／周辺的という考え方を構文にも適用するのである。

次に、構文を意味と形式の統合体とすることによるもう1つの新たな文法研究上の見方、即ち、統語論と意味論・語用論の厳格な区別の否定ということについて考えてみよう。

従来の言語研究における統語論、意味論、語用論の関係は、統語論→意味論→語用論という"流れ作業モデル"が想定されていた(大堀 2001:3)。不適格な文は、まず統語論で排除され、そこで排除できないものが意味論へと送られる。さらに、意味論で排除できなければ、語用論の問題とされ、従って語用論は(語彙と同様に)説明不可能な様々なものが持ち込まれる骨董品屋のようなものとなっていた。構文文法では、そのような"流れ作業"はとらない。文の適格性の判定とは、意味と形式の両面についてのパターンマッチングの操作である(大堀 2001:3)。構文とは意味と形式が結びついたものであるから、少なくとも統語論と意味論は同じ土俵で論じることができる。では、語用論はどう関わるのか。Goldberg(1995)の構文文法では、Fillmore 流のフレーム意味論を採用している。フレーム意味論では、話者の持つ背景的な知識も言語の意味に含まれる。従来は区別されてきた言語についての知識である辞書的意味と百科事典的知識(encyclopedic knowledge)とは、峻別できないという立場である。これは裏を返せば、幅広い意味の中から絶えず適切なものを選び取らなければならないということでもある。文の意味解釈には、当該の文が用いられるコンテクストから推論により適切な意味を選び取らなければならないのである。2.1.3.1 で見たように、'He sneezed the napkin off the table.' という文は、sneeze の辞書的意味に関する知識だけでは解釈できないのである。つまり、聞き手は、具体的な事例(例えば 'He sneezed the napkin off the table.')から、その構文スキーマ(意味：X CAUSES Y to MOVE Z と形式：SUBJ V OBJ OBL)にアクセスし、当該の文の語彙項目(sneeze, the napkin など)のフレーム的な意味を考え(あるいは、コンテクストをもとに推論し)、当該の文の意味を解釈するのである。

このような見方をまとめると、(1-⑥)の「構文文法では、構文スキーマの喚起、ならびに語彙フレームにまつわる意味論的・語用論的・場面的知識が表現全体の解釈に関わってくるという考えを持っている」ということになる。

以上、Goldberg(1995)を中心に構文文法の考え方を概観した。次章ではこれまでの議論を振り返りながら、Goldberg(1995)の構文モデルのまとめとして、その可能性と限界について考える。

注

1 本書の独自の構文モデルは4章以降で提案する。
2 ただし、参与者役割、項役割ともに、プロファイルされるものとされないものがある。
3 プロファイルされない項役割について、杉本(1998)は、文法項が非文法項に対して様々な点において文法上「優位な位置」にあることは非常によく知られた事実であり、この事実はプロファイルされた項役割という考え方とうまく合致するように思える、と述べている。(杉本 1998:156)
4 ここでは、事態の成立に関わる意味のみを問題としているが、動詞の意味は豊かな背景的な意味、即ち、フレーム的な意味を持っている。例えば、「蹴る」のフレーム的な意味については、2.1.3.1. を参照。
5 Goldberg(1995)は、これに加えて「e_v と e_c は少なくとも1つの項役割を共有しなければならない」とも述べている(Goldberg 1995:65)。
6 ただし、語彙と構文は全く同じものではない。大堀(2002)は、語彙と構文の違いについて、「語彙項目が開いたクラスであり、単一の語からなっている一方、スキーマ性の高い構文は原則として閉じたクラスをなし、複合的な内部構造を持ち得るという点である」と指摘している。

第 3 章　Goldberg(1995)の構文モデルの可能性と限界

Goldberg(1995)の大きな成果は、構文の意味の重要性を指摘し、構文と動詞の融合について豊富な事例を挙げて、これを論証したことであろう。これにより、従来、動詞の意味に集中していた文レベルの様々な意味解釈に、構文の意味という新たな視点が加わった[1]。

本章では、第1部のまとめとして、Goldberg(1995)の枠組みでの構文文法の可能性と、従来のモデルの限界について考えたい。従来の構文モデルでは何ができて・何ができないかを明確にし、日本語の分析にはどのような構文モデルがふさわしいのかという問題点の整理を目的とする。

3.1　Goldberg(1995)を振り返って

まず、前章の2.1「構文文法の全体像」では、4つのキーとなる事柄、即ち、「構文の定義及び構文的意味」、「構文間のネットワーク関係」、「構文と動詞の関係」、「構文文法の文法観」を取り出し、それぞれを検討することにより、構文文法の全体像を捉えようと試みた。

2.1.1の「構文の定義及び構文的意味」では、**「構文とは、個々の動詞とは独立して存在する意味と形式の統合体である」**ということ、そして、**「構文の意味は、動詞などの語の意味に還元できない独自のものである」**という構文文法の大前提となる考え方を確認した。

2.1.2の「構文間のネットワーク関係」では、**「構文はそれぞれバラバラに存在しているのではなく、ネットワークを形成している」**という考え方が

「継承リンク」により捉えているということを見た。

2.1.3 の「構文と動詞の関係」では、参与者役割と項役割について詳しく検討した。まず、多様な文の意味は、動詞の意味だけによるものではなく、構文の意味が強く関わっているということを示した。そして、構文文法では、動詞の意味と構文の意味を別立てで考え、動詞が持つフレームの中で中心的役割を果たす要素である**「参与者役割」**と、構文が持つ意味の中で文法項が担う役割である**「項役割」**とを区別しているということを確認した。そして、動詞の意味は背景的な知識を含むというフレーム意味論的な考え方とその中からあるものが焦点化・前景化、即ち、**「プロファイル」**されるという考え方を導入した。これにより、rob と steal のような同じフレームを喚起する動詞の意味の差をプロファイルされる役割の違いにより説明することが可能となる。このような参与者役割と項役割のプロファイルの指定は、**「参与者役割と項役割の融合」**という考え方と関わってくる。これについては、hand, kick と二重目的語構文との融合、sneeze と使役移動構文との融合を例示した。この動詞と構文の融合には、Goldberg(1995)が挙げている**「意味的一貫性の原則」**と**「対応関係の原則」**という2つの原則があることを見た。

2.2「構文の文法観」では、構文を意味と形式の統合体であるとすることで、**「語彙と構文が連続して捉えられる」**こと、さらに、**「統語論・意味論・語用論の厳密な区別はない」**という構文文法での文法というものの捉え方を見た。

Goldberg(1995)の構文に意味があるという主張は、動詞の多義的な用法や種々の交替現象といった問題に新たな解決法の道を開いたと言える。従来の分析ではこれらの問題は主に動詞の意味構造からくるものとして扱われてきた。そのため、文の構成要素の中で動詞の役割のみが突出したものとなっているきらいがある。もちろん、語彙意味論的なアプローチで提案されている語彙概念構造のような意味構造は事態認識の上で必要なものと考えられる。しかし、問題は、果たしてそれは個々の動詞が持っているものなのかということである[2]。語彙分解的なアプローチをとった場合、Goldberg(1995)の例である 'He sneezed the napkin off the table.' の意味に合うような sneeze

の語彙概念構造を作り上げるのは極めて難しいと思われる[3]。仮に、この用法に合う語彙概念構造ができたとしても、それと sneeze の基本的な意味(つまり、単なる自動詞的な用法)との関わりや、sneeze と同様の生理現象である cough(咳をする)、hiccup(しゃっくりをする)、yawn(あくびをする)との違いをどう説明するかなど片づけなければならない問題が次つぎと生まれることであろう。これに対し、「使役移動構文」などの構文の存在を認める構文文法では、構文とフレーム的な豊かな意味を持つ動詞(例えば sneeze)とが融合すると説明するため、このような問題は回避できる。

しかしながら、構文文法的アプローチをとったとしても、特定の構文にどのような動詞が融合できるのかという問題についてはさらに検討していく余地がある。Goldberg(1995)は、構文の事態のタイプと動詞の事態のタイプの関係として、(1)のような例を挙げてはいるが、これらの理論的な根拠は弱いと言わざるを得ない。

(1) 構文の事態のタイプ(e_v)と動詞の事態のタイプ(e_c)の関係：

    a. e_v may be a subtype of e_c(e_v が e_c の下位タイプである)

    b. e_v may designate the means of e_c(e_v が e_c の手段を指定する)

    c. e_v may designate the result of e_c(e_v が e_c の結果を指定する)

    d. e_v may designate a precondition of e_c(e_v が e_c の前提条件を指定する)

    e. To a very limited extent, e_v may designate the manner of e_c, the means of identifying e_c, or the intended result of e_c(e_v が e_c の様態、同定する手段、意図される結果を指定する)

(Goldberg 1995:65(訳：筆者))

これは、さしあたって、種々の構文と融合可能な動詞の事例から一般的なものを列挙したという見方も可能かも知れない。しかし、言語事実に即する事例からの一般化の段階では彼女の記述に誤りは見られない。現実的な判断からすると、現時点でこの問題を解決することは難しいように思える。つまり、フレーム意味論的な動詞の豊かな意味を背景として、有限の構文的な意

味との関係を考え、その上で動詞と構文が融合可能かどうかが決まる、という見方がこの段階で言えることであろう。本書では、この種の判断を単に動詞と構文の間の関係ではなく、より一般的な概念である「推論(inference)」という観点から捉えられるのではないかと考える。つまり、正しいと想定される既知の知識を基に、新しい知識を導き出す手続きを「推論」とすれば、構文と動詞の融合の可否は、「推論」により導き出されるということである。従来の言語研究の見方では、語彙論・意味論と統語論の問題に、語用論的な概念を持ち込むことは承伏し難いと思われるかも知れない。しかし、動詞が豊かなフレーム的な意味を持っているとすれば、そこにはいろいろな状況・場面・文脈、即ち「コンテクスト(context)」が関わっているはずである。このコンテクストを基に、構文的な意味によって示される事態(例えば、X CAUSES Y to MOVE Z)を推論してはじめて、その関係が決定される(例えば、He sneezed the napkin off the table. では、sneeze は napkin を吹き飛ばす原動力になる等)のではないと思われる。Goldberg(1995)は、使役移動構文と動詞 sneeze の融合を「手段(means)」という関係によって捉えている(図7参照)。これは、彼女の挙げている(2a)の文ならば問題はない。しかし、この説明では、(2b, c)の不適格性は説明できない。

(2) a.　He sneezed the napkin off the table.
　　 b.　*He sneezed *the tablecloth* off the table.
　　 c.　*He sneezed *the marble ashtray* off the table.
　　 d.　*Godzilla* sneezed *the buildings* off the mountain.

これは明らかに「テーブルクロス」や「大理石の灰皿」のような重いものは「くしゃみの力」では移動しないという判断、即ち、百科事典的な知識に基づく推論により導き出された結論である。この種の不適格文の排除は、いくらフレーム意味論的な知識を認めたとしても、構文と動詞のみの関係からは記述できない。仮に、「くしゃみの力」では移動しないような「重いもの」は目的語の名詞にはならない、というように、移動物の重量に制限を加えた

としよう(もちろん、構文文法ではこのような規定は設けないが)。すると今度は逆に(2d)のような文が許容できることを説明できなくなってしまうのではないか。(2)のような例文において許容度に差が出ることから、動詞と構文の融合の可能性、及び、融合された結果としての文の文法性は、動詞の意味と構文の意味だけでは解決できないと考えられる。つまり、主語や目的語といった文の構成要素はもちろん、それらを含めたコンテクストといったものが動詞と構文の融合の可能性を左右するということである。このことについては、Goldberg 自身も注釈の中で、'It would alternatively be possible to define constructions as ordered triples of form, meaning, and context...' というように示唆している(Goldberg 1995:229)。

以上の議論から、本書では、動詞と構文の融合の可否を厳格に決定する規則にはこれ以上立ち入らない。本書では、許可される、あるいは、許可されない言語表現から帰納的に関連性を考察するという立場で議論を進めたい。

3.2　構文文法の可能性：構文の意味と動詞の意味の観点から

ここでは動詞の意味を重視する立場の主張をとりあげながら、構文文法の利点を確認したい。これまで述べてきたように、構文文法では構文の意味が重視されるが、では、動詞の意味はどの程度のものとして扱われるのであろうか。

早瀬(2002a)は、構文と動詞の関係という観点から、Goldberg(1995)の構文文法の特徴を以下のようにまとめている。

(3)　Goldberg の構文文法の特徴(早瀬 2002a:59-60)：
   a.　構文は動詞とは独立した意味を持つ
   b.　構文の持つ骨格的かつ抽象的な意味を、動詞の意味によって具現化する
   c.　動詞の意味と構文の意味とが融合されて、表現全体としての意味が得られる

d. 動詞の意味とはフレーム意味論的な豊かな情報を含んだ単一の意味である

　これらの特徴は、本書でも既に述べた通りであるが、これに対しては、動詞の意味の多義を認める立場をとる研究者からの批判も噴出している。早瀬(2002)によれば、それらの批判は、主に「個別の動詞の特異性が、構文だけでは説明できない」ということに収束できるという(早瀬 2002:61)。

　例えば、岩田(2001a)は、「Goldberg(1995)では、構文理論の独自性を主張するためにかなり「構文」が強調されていた。その後「構文」自体の存在はかなり認められてきたが、次の段階として「構文」が真に果たす役割を検討する作業が必要になってくる。」として、構文文法ではそれが抑えられるようになった動詞の果たす役割の大きさを主張している(岩田 2001a:534-5)。

　また、松本(2002)では、「Goldberg が論じている以上に構文の意味の役割を弱く考え、動詞の意味を豊かに考える必要がある」と主張している(松本 2002:187)。

　しかし、「構文への過剰な偏重を是正するため、動詞の意味を詳細に分析するべきである」という主張は一見至極まっとうに見えて、実は気を付ける必要がある。というのも、ある特定の動詞について検討し、その意味について語る場合、それが本当にその動詞の単独の意味と言えるのかどうか、という問題が常につきまとうからである(早瀬 2002a:61)。

　この問題について、早瀬(2002a)は、動詞の意味を検討する際には、必ずその動詞を伴った具体的な文レベルで行われており、「動詞の意味」と考えられているものが、純粋に動詞そのものの意味なのか、それとも本当は構文の意味を具体化したものなのか、簡単に分けられるものではないと述べている。そして、早瀬(2002a)は、「動詞の意味を詳細に記述分析」することは、実はその動詞を用いた具体的文の意味の記述、つまり、構文の特殊化・具体化されたレベルの記述と連続しているとし、動詞の(フレーム)意味論を重視することは、動詞の意味記述をする際に構文の意味を重視する(つまり構文

に言及する)ということと、ほぼ等価なのではないかと述べている(早瀬 2002a:61–62)。

　本書でも、早瀬(2002a)の立場を支持する。他の動詞との関係を考慮しない個別の動詞の詳細な意味記述は孤立的であり、また、いたずらに多義を増やしたり、アドホックな分析になるといった恐れがある。

　例えば、「出る」には、「住宅地にクマが出た(→出没した)。」「彼はその組織を出た(→離れた)。」「その県からは多くの芸術家が出た(→生まれた)。」などの多義が認められるが、これらの多義の記述には、他の動詞(「出没する／離れる／生まれる」など)が用いられる。つまり、多義とは、他の関連する意味との比較において捉えられるものであり、相対的に考える必要があると言える。注目すべきは、当該の動詞が意味的に関連を持つ他の動詞とともに有意味なカテゴリーを形成しているということである。そのカテゴリーに共通するものこそ「構文的な意味」なのである。個々の動詞の意味を超えたスキーマ的な構文の意味を仮定し、その構文の意味や形式を考察することは、辞書の記述や言語教育の観点からも有用な方法であると言えよう。また、Goldberg(1995)は、構文と動詞が、相互に関係し合うものの、それぞれ独立して存在することを認識することによって、動詞と構文を関連付ける原則や構文間の関係などが前景化されると述べている。そして、構文文法的アプローチでは、「ある動詞がこれまでにない新しい統語フレームで生じるたびに、新しい追加的な意味を仮定する必要はない」と構文文法が動詞の意味変化(新しい用法)に対しても有効であることを指摘している(Goldberg 1995:9)。

　このように、構文文法的アプローチが動詞の意味の考察に有効であることは多く指摘されているが、本書では、この構文文法が"格助詞の交替現象"や格助詞の用法の考察にも有益であることを主張する。これは、格助詞の組み合わせである格パターンに基づいて構文を捉えることにより、例えば、動詞の意味と構文の意味の強弱の関係を予測することができることなど、従来見逃されていた様々な発見があるからである。ここまで構文的意味が事態の切り取りに深く関わっているということを見てきたが、事態の描き方には、

動詞の意味特徴が強いものと構文の意味特徴が強いものがある。つまり、構文の意味は重要なものであるが、ある場合には、構文の意味よりも動詞の意味の方が大きな役割を占める場合がある。動詞の意味と構文の意味の関係は、概略以下のように捉えることができよう。

(4) a.　動詞の意味 ＞ 構文の意味
　　　　　→格パターン［＿ガ {回る／壊れる／起こる…}］
　　b.　動詞の意味 ＜ 構文の意味
　　　　　→格パターン［＿ガ＿ニ＿ヲ {送る／渡す／伝える…}］

このように、［＿ガ Ｖ］という格パターンでは、動詞の意味が大きな役割を占めるのに対し、［＿ガ＿ニ＿ヲ Ｖ］というような格パターンでは、構文の意味が大きな役割を占めると考えられる。

　早瀬(2002a)は、「あまり生産性の高くない構文であれば、その構文スキーマよりも、その下位に位置する、具体的な動詞を伴った構文スキーマの方が、定着度も活性化の度合いも高いため、結果として「構文」そのものが生産性に果たす役割はそれほど大きくはないかも知れない。一方、新規表現を新しく類推に基づいて生み出すことが可能であるような、生産的な「構文」であれば、その構文スキーマはネットワーク上で十分に定着し活性化を受けることになるので、「構文」が文生産に果たす役割も大きいことになる(早瀬2002a:64)」と述べている。

　ここで指摘されているのは、構文の生産性についてであるが、日本語を扱う場合、ここに「格パターン」を取り入れれば、ある格パターンは構文的意味が強く、生産性も高いものであり、また、ある格パターンはその逆であるという指摘ができる。また、動詞の意味だけではなく、格助詞の用法の考察にも格パターンは多くのことを示唆するのである。

3.3 従来の構文モデルの限界

上述の通り、Goldberg(1995)での構文のモデルは、大きな可能性を持っており、特に、英語の「二重目的語構文」と「使役移動構文」についての議論は非常に有益なものである。

その一方で、Goldberg(1995)の枠組みでは、構文の意味はどこまで拡張していくのかという大きな問題が浮かぶ。例えば、「Way 構文(Frank dug his way out of the prison.)」は、移動に関わる自動詞構文(この構文自体はGoldberg(1995)では詳しく議論されていない)と融合する動詞の問題として捉えることも可能ではないか。即ち、go などの典型的な移動動詞の代わりに、'V one's way' が融合するとする見方であり、議論すべきはこのタイプの動詞の性質とも考えられる。また、「結果構文」からの具体例のリンクにより「drive– 'crazy'」といった構文も議論されているが、これは果たして基本的な構文の問題なのであろうかという疑問が浮かぶ。

このような問題は、構文の位置づけが明確になされていないことから来ると思われる。つまり、Goldberg(1995)の構文モデルでは、ある文の意味解釈が動詞の意味によるものか構文の意味によるものかという点に力点が置かれるあまり、基本的な事態の認識に関わる構文も、より具体的ないわゆる語法レベルに関わる構文も、同列の「構文」として扱われる危険性を持っていると言えよう。Goldberg(1995)では、「二重目的語構文」や「使役移動構文」といった基本レベルカテゴリーのものと、下位レベルと思われる「way 構文」(「drive– 'crazy'」構文)、さらに上位レベルと思われる「自動詞構文」「他動詞構文」というように、様々なレベルのものが同じく「構文」として一括りにされている感が否めないのである。

このような問題は、Goldberg(1995)の枠組みで日本語の事例研究を行った伊藤(2003)にも言えることである。伊藤(2003)で示した「出席・出場構文」、「出現構文」、「出発構文」、「発生構文」、「離脱・退去構文」、「卒業・引退構文」といったものは、より上位の基本的な事態に関わる「移動構文」とは異なるレベルのものである。このように、文レベルの意味の差異を追って

いくと、動詞の"多義"を追い求めて微細な違いをリスト化するといった構文文法が退けようとした方法を、動詞ではなく構文で行うことになりかねない。これでは、構文文法の良さが薄まってしまい、意味の拡張はどこまでも続いていってしまう。構文の拡張は、何らかの意味的・認知的な基盤があるはずである。これを基に、それぞれの構文を体系的に見ていく必要があるのではないか。さらに、何をもって「構文」とするかも考える必要がある。

　このようなことを踏まえ、本書1章の冒頭で、Goldberg(1995)の構文モデルには、動詞の意味に影響されている部分があり、「構文の意味は動詞の意味から独立したものである」という構文文法の主張が必ずしも十分に反映されているとは言えない、と指摘したのである。

　また、1章では、Goldberg(1995)の構文モデルの形式と意味の表し方には改善の余地があると考えられる、とも指摘したが、この点についてさらに詳しく議論したい。

　まず形式に関する問題点から考える。Goldberg(1995)では、SUBJ(主語)、OBJ(目的語)、OBL(斜格)などという旧来の伝統文法の文法関係がそのまま用いられており、「二重目的語構文」では、SUBJ V OBJ OBJ$_2$、「使役移動構文」では、SUBJ V OBJ OBL というように示される。しかし、構文の形式は文法関係の表示とは別のものであると筆者は考える。特に、OBLに様々な前置詞句や副詞句や形容詞句などが入ってしまうことは、構文の形式面に関しての定式化を阻むものとなってしまいかねない。一方で、構文文法では、「形式が同じであれば基本的に意味も同じであり、形式が異なれば意味も異なる」という「意味と形式の1対1対応」の原則(Bolinger 1977, Lyons 1977)に従っている。そのため、Goldberg(1995)の構文モデルでは、構文の拡張には意味の関連性に加え、形式面での継承が必要とされる。しかし、日本語の特に"格助詞の交替現象"では(5)のような例が観察される。

(5)a.　マジシャンが燃え上がる箱の中から／＊を出る。
　　b.　地震に驚いた人々が建物から／??を出る。
　　c.　太郎が住み慣れた街?から／を出て上京する。

d. 例の議員がA党 ??? から／を出て新党を結成する。

　これらの例では、[_ ガ _ カラ V] が中心となる(5a, b)に類似性があり、[_ ガ _ ヲ V] の(5c, d)にも類似性が認められるが、同時に(5b, c)の類似性も高い。このような意味の違いが明確ではない(5b, c)のような例での格助詞の交替現象はどのように考えれば良いのであろうか。もし、構文の拡張やネットワークを「形式面の継承」という観点からのみ説明しようとすれば、このような言語事実はうまく捉えられない。

　次に、意味的な面について考える。Goldberg(1995)では構文の意味の表示に、語彙概念構造に似た意味述語が用いられている。例えば、彼女のモデルの「二重目的語構文」の意味は 'X CAUSES Y to RECEIVE Z'、「使役移動構文」は 'X CAUSES Y to MOVE Z'、「結果構文」は 'X CAUSES Y to BECOME Z' のように表示されている。この、'CAUSES、RECEIVE、MOVE、BECOME' などは一体何であろうか。筆者は、これらの意味述語の "正体" を明らかにする必要があると考える。少なくとも、これらを "最初からそこにあるもの" として当たり前のように用いるのではなく、その出来(しゅったい)を考える必要があろう。

　以上、第3章では、Goldberg(1995)流の構文文法の可能性と限界を整理してきた。次章以降では、より体系的な本書独自の構文モデルを提案する。

注

1　従来、"動詞の多義性" として述べられていた "多義性" はむしろ「同音性」に近い概念として捉えられていたのではないかと考えられる(本田 2003、田中 1990)。つまり、動詞は単独で解釈されるわけではなく、文の中心的な要素として文構成に関わっているが、それによりできあがった文は、本来動詞が持つ意味内容よりもはるかに多様な意味を表し得る。
　　しかし、その多様な文の意味まで動詞の意味として取り入れてしまえば、動詞の意味はもはや(適正な意味での)多義を超えて、同音異義語的(あるいは、多義的別語的)な

性格が強まってしまうと思われる。

動詞の意味的な研究が進むにつれ、それぞれの動詞に関する特性がだいぶ明らかになり、動詞の意味記述はより詳細なものへとなってきたが、この方向の(行き過ぎた)延長線上に、"多義"を含む語彙的な意味特性から統語構造まで様々なものを動詞の意味構造の規則と関連付けようとする流れがあるように思われる。そこには、動詞に過度の期待がかけられ、動詞が何でも解決してくれるような感覚を生んでいるように思われる。動詞が万能だという感覚は、あらゆる"多義"を網羅する(しなければならない)意味規則を立てようという動機付けとなり、微細な"多義"の差異の記述をも必要以上に動詞の意味に取り込もうとしているように思われる。

2　動詞の"多義性"という観点からは、全ての"多義"は基本義から派生・拡張したものであるという前提で、それら全てが動詞の意味によるものであると考えてしまう。そのため、例えば、同じ「出る」という音形を持つ動詞が使われている限り何らかの関係を見いだそうという意識が働き、かけ離れた意味やほとんど関連がないような意味にまで無理な一般化を行ってしまう。この傾向は、語彙意味論的なアプローチにも少なからず見られる。

3　Goldberg(1995)は、「He sneezed the napkin off the table.」における'sneeze'の語義を動詞'sneeze'の"多義"の1つとして記述することは不可能であると述べている。

第 2 部

新たな構文モデル
―イメージ・スキーマに基づく格パターン構文―

第 4 章　構文の形式と意味、及び、構文の意味拡張

4.1　構文の形式：格パターン

従来の構文文法に基づく研究は、主に構文の意味の側面を中心に議論されてきた。その一方で、構文の形式の側面については、あまり取り上げられることはなかった。それには、構文文法的アプローチによる研究の多くが英語を対象として行われてきたことが大きく関わっていると思われる。英語では、形式が文字通りの"形"ではなく統語的な位置、語順などによって構造的に表示される。もちろん、前置詞句による形態的な表示も見られるが、これらの多くは副詞的であり、構文の項役割となるものは限られている。そのため、Goldberg(1995)の構文の表示でも形式に関しては、SUBJ(主語)、OBJ(目的語)、OBL(斜格)などという文法関係がそのまま用いられ、例えば、「二重目的語構文」では、SUBJ V OBJ OBJ$_2$、「使役移動構文」では、SUBJ V OBJ OBL というように示されるが、本書では、構文の形式は文法関係の表示とは別のものであると考える。

　本書で提案する日本語の項構造構文は、構文の形式をより重視する[1]。本書では、構文の形式を格助詞の組み合わせによる「格パターン」を用いて形態的に記述する。本書で導入する「格パターン」とは以下のように定義される。

（１）　格パターンの定義：
　　　「格パターン」とは、文における名詞や動詞を捨象した格助詞の組み

合わせであり、日本語の構文レベルの形式を担うものである。

「格パターン」という概念は、日本語のデータを扱うことによって見えてくるものである。日本語では、文法関係が格助詞によって形態的に表示されるため、文レベルの意味に動詞や名詞の語彙的な意味だけではなく、格助詞の組み合わせも関わっているということは受け入れられやすいと思われる。動詞の"多義"には、その動詞の意味だけによるものではなく、その動詞が述語となって現れる文での格助詞の組み合わせが関わっているという指摘は、日本語学・国語学の記述的な研究においてもなされている(例えば、森山(1988)、森田(1994)、仁田(2002)など)。ただし、これらの先行研究は、動詞という語彙レベルの意味拡張を扱ったものである。即ち、興味の中心は、主に動詞の"多義"的用法にあり、その記述・説明には、格助詞の働きも考慮すべきだという主張に集約できる。

本書では、より積極的に格助詞の働きに注目する。特に、「ガ」、「ヲ」、「ニ」、「カラ」の4つの格助詞の組み合わせが「格パターン」を形成し、これが構文的意味と統合し、構文の形式面を担っていると考える。本書で扱う格パターンの類型は後に述べるとし、ここでは、格パターンと構文の多義性について触れておきたい。

構文は事態の把握に深く関与している。構文は意味と形式からなるので、事態のタイプに関わる構文の意味は、構文の形式である格パターンにより捉えることができる。すると、事態のタイプは有限であるにせよ、ガ格、ヲ格、ニ格、カラ格などのわずかな格助詞の組み合わせによる格パターンがそれらの事態に1対1で対応することは不可能である。従って、1つの格パターンには複数の構文的意味が結びついていると言える。これが構文の多義性のからくりである。

しかしながら、構文が多義性を持つと言っても、ある格パターンに結びついている構文的意味のそれぞれが多種多様で互いに関連を持たないということではない。興味深いことに、同一の格パターンを持つ構文同士は互いに関連した構文的意味を持っているのである。例えば、[_ ガ _ カラ]という格

パターンを持つ以下の例を見てみよう。

（2）a.　ベルを鳴らすと係員が奥の部屋から出てきた。　「起点的移動」
　　　b.　臨時列車が４番線から発車した。　　　　　　　　「出発」
　　　c.　プロ野球選手が母校から生まれた。　　　　　　　「発生」
　　　d.　タバコの広告が街頭から消えた。　　　　　　　　「消失」
　　　e.　タイヤが車軸から外れ、事故が起きた。　　　　　「分離」

これらは全て、ニ格で示される着点が想起されない、「起点からの変化」という共通の意味を持っている。換言すれば、このようなスキーマ的な意味を共有するからこそ、形式的にも［＿ガ＿カラ］という格パターンが共有されるのである。また、これらの例には全て異なる動詞が用いられているという点にも注意されたい。つまり、個々の動詞の意味に共通性を見いだすのではなく、その動詞が用いられる構文に注目することで、それぞれの事態の関連性が見えてくるのである。これらの［＿ガ＿カラ］という格パターンを持つ文は、「起点的移動」を中心的な意味とし、それからの拡張関係にあるのである。従って、この中心的な意味からの拡張とみなされないものは、それがどのような動詞であれ、［＿ガ＿カラ］という格パターンで表示できないのである。つまり、これは、動詞の問題ではなく、構文の問題である。

　形式面から構文の関係を考察するという考えは、これまで英語を中心に議論されてきた構文文法では生まれにくかった発想であるが、日本語を扱う本書では極めて自然なものであると言える。

　以下では、構文文法的アプローチによって日本語の言語現象を分析する際に格助詞の一定の組み合わせからなる「格パターン」が有益であることを例証する。まず、4.1.1 では、日本語学・国語学的な観点から格助詞の組み合わせと動詞の意味について考察した先行研究（森山(1988)、森田(1994)）を検討する。構文文法の枠組みとは全く異なった視点から、日本語学的な研究において、格助詞の組み合わせにより動詞の意味が制限されるという指摘が多くなされてきたということは、非常に興味深いことである。続く 4.1.2 で

は格パターンの類型について考える。

4.1.1　格パターンと日本語研究

記述的な日本語学・国語学的な研究においては、格助詞の意味・機能の分類は中心的な研究領域の1つである。そして、動詞の意味・用法の研究も他言語と同様に古い歴史を持つ。このような2つの代表的な領域の研究は、ほとんどの場合、個別になされていた。このような限られた領域の研究は、微細な意味の違いまでも網羅するような膨大なリストを作り上げたが、そのリスト項目の相互の関係について、また、異なる領域、即ち、格助詞の意味と動詞の意味の関係については意識されることは少なかった。

しかし、このような研究の流れは少しずつ変化してきた。即ち、格助詞の意味・機能の記述に動詞の意味的な特徴を考慮したり、また、反対に、動詞の意味・用法の記述に格助詞の組み合わせによる違いを考慮する研究が増えつつある(国広(1982)、村木(1991)、杉本(1986)、森山(1988)、益岡・田窪(1989)、森田(1994)、石綿(1999)、仁田(2002)など)。

例えば、益岡・田窪(1989)では、「それぞれの述語について、関係する事態を表すために必ず必要となる格の内容が決まっている。例えば、「与える」の場合であれば、「花子が子供におもちゃを与えた」のように、ガ格、ニ格、ヲ格の3つが必須の格である」とし、以下のような「必須の格の配列型」を示している。

(3)　益岡・田窪(1989)の「必須の格の配列型」
  a.　動態述語の場合
    ① ガ格…(働く、壊れる)
    ② ガ格＋ヲ格…(壊す、悲しむ)
    ③ ガ格＋ニ格…(謝る、驚く)
    ④ ガ格＋ト格…(結婚する、討論する)
    ⑤ ガ格＋ニ格＋ヲ格…(命じる、貸す)
  b.　状態述語の場合

⑥ ガ格…(うつくしい、忙しい)
⑦ ガ格(ニ格)＋ガ格…(できる、ほしい)
⑧ ガ格＋ニ格…(熱心だ、詳しい)
⑨ ガ格＋ト格…(等しい、違う)

　この「必須の格の配列型」という考え方は、いわゆる項構造の考え方に影響を受けているように思われる。項構造の基本的な考え方は、述語は項の数とその意味役割を指定するというものであろうが、これを益岡・田窪(1989)では、「必ず必要となる格の内容が決まっている」という言い方で表し、それを格助詞の「配列型」として示している。そして、項構造での意味役割にあたるものは、格助詞のそれぞれの「用法」と関連付けられている。日本語学の概説書なので、これ以上の議論はなされていないが、ある特定の意味を持つ述語のカテゴリーに共通する格助詞の配列型というアイディアは、このようなかたちで日本語学的な研究に広まっている。

　以下では、より詳細な動詞の意味・用法と格助詞との関係についての先行研究として、森山(1988)、森田(1994)をとりあげる。特に、森山(1988)は、格助詞の組み合わせ(格パターン)ごとに動詞を整理したものであり、本書にとっても有益なものと言えよう。そして、興味深いことに、日本語学の研究の中には、構文文法の考え方と非常によく似た動詞観・意味観を持ったものもある。特にこの2つの研究は、この特徴が強く表れている[2]。文法関係が格助詞によって形態的に明示される日本語では、そのような方法をとらない英語と違って、構文の形式面が見えやすい[3]。このことが、構文の形式から意味を見るという発想を容易なものとしているのだろう。

　しかし、この2つの先行研究は、格助詞の組み合わせ(本書の格パターン)を頼りに意味を考察してはいるが、この意味を動詞レベルのものと考えている点において、構文文法的なアプローチとは異なっている。

　以下では、森田(1994)、森山(1988)の順で日本語の記述的な研究における格パターンの扱いについて概観する。

4.1.1.1　森田(1994)：格支配と意味の移行

森田(1994)は、「動詞は格を多く取ることにより、順次意味に限定を加え、主観的・抽象的な面を消去していく」とし、このことは、「動詞のその文脈内における意味特徴(意味の強調される部分)は格に支配される面が大きいということを意味する」と述べている。それ故、「どのような格をどのような組み合わせや順序で受けているかが、動詞のその文脈の中での意味特徴を捉える有力な手掛かりとなる」という重要な指摘をしている(森田 1994:41)。しかし、森田の言う「格支配」そして「格」という用語の使い方は不明瞭である。森田の「格」は、格助詞の形態的なことを言っているようであるが、同書では「格支配」の構成要素に取り立て助詞の「は」を用いている箇所もある。ここでは、そのような問題を認めながら、この格支配を「一定の格助詞の組み合わせ」として議論を進める。

　森田(1994)は、動作性動詞の中では、動作の行われる時間・場所が点でなく線として描かれる移動動詞が、最も多くの格をとる可能性を持つとし、その格の取り方の段階に応じて、抽象的意味から具体的意味へと発展移行すると言う。さらに、動詞は、語ごとにとり得る格の種類と数とが先天的に決まっているのではなく、同じ語でも、格支配の多寡に応じて(短小文型から長大文型へと発展するに従い)、意味面での移行具体化が見られる、と述べている。

　このような観点から、森田(1994)は、動詞「進む」が「…が進む」→「…は…を…に(へ)進む」→「…は…を…へ(に)進む」というようにより多くの格助詞をとるのに伴って、その意味は、抽象的なものから具体的なものへと、(「…が進む」：進展・進捗)→(「…は…に(へ)進む」：進級・進学・就職)→(「…は…を…へ(に)進む」→具体的な場所移動)のように変化すると述べている(森田 1994:44–46)。

　しかし、ここでの森田の「抽象的／具体的」という記述は検討の余地がある。それは、同じ格パターンを持つ場合でも、(4a, b)のように抽象度の違いが見られるし、多くの格助詞をとるからといって具体化するとは限らないのは(4c, d)から明らかである。

（4）a. 太郎が部屋から出た。
　　 b. 反対意見がメンバーから出た。
　　 c. 馬が走った。
　　 d. 激痛が腰から足に走った。

　森田の具体的な意味分析は本書に直接関わらないので省略するが、1つの動詞が、異なる格パターンを持つことにより、異なる意味に解釈されるという立場をとっており、その意味で、"動詞の多義性"は構文の意味を考慮する必要があるという構文文法の考え方と通底するものがあると言えよう。このような発想による日本語学の動詞の意味研究が進んでいけば、構文文法的アプローチとの親和性が増していくであろうと思われる。

4.1.1.2　森山(1988)：連語論的アプローチ(格パタン分析法)
　森山(1988)は、構文文法とは異なる日本語学的観点から格パターンに基づいた動詞の意味を研究したものである。森山(1988)で提案されている「連語論的アプローチ(「格パタン分析法」)」は、「構造的にしばられた意味」という観点から、連語としての意味を設定するという方法をとっている。森山は、格のパターンも含めた総合的な動詞句としての意味を「連語的な意味」と呼んでいる。
　森山の以下のような記述は、本書で提案する格パターンに基づく構文文法に似たものである(なお、「格パタン」というのは森山の言い方である)。

（5）　森山(1988)の「連語論的アプローチ」の特徴：
　　 a. 連語論的アプローチとは、あらかじめ格パタンを設定しておいて、連語としてのカテゴリアルな意味を動詞の語彙的な意味に組み合わせていく考え方である。
　　 b. 最初から格のパタンを設定しておくので、動詞が典型的にその格パタンの用法を持つかどうかの問題になって、必須度の問題は除くことができる。

c. 動詞がその格パタンを持つことによって、あらたに持つ意味についても分析できることになる。

(森山 1988:59–60)

(5a)の「あらかじめ格パタンを設定しておき、それに動詞の語彙的な意味を組み合わせて、連語としての意味を考える」という方法は、構文と動詞の融合という考え方に通じるものである。また、(5b)では、いわゆる項(argument)と付加詞(adjunct)の区別が問題にあるような動詞には有効な方法であろう。また、(5c)は、Langacker(2000)の「用法基盤モデル(usage-based model)」にも通じる考え方であろう。

　森山(1988)は、［ガ，カラ］型、［ガ，カラ，ニ］型、［ガ，ニ］型、［ガ，ヲ］型などの「格パタン」ごとにその型に入り得る動詞を整理して、例えば［ガ，ニ］型であれば、「存在動詞」「接着動詞」「出現動詞」というように動詞の意味クラスを規定している。このうち、［ガ，カラ］型、［ガ，カラ，ニ］型、［ガ，ニ］型の3つを見てみよう。

　森山(1988)は、［ガ，カラ］型には、「出現動詞句」「出発動詞句」「消滅動詞句」「成分の動詞句」といった意味を持つ動詞類が挙げられている。［ガ，カラ，ニ］型には、「出発動詞句」「単純移動動詞」「主体改変動詞句」という動詞類が、そして、［ガ，ニ］型には、「存在動詞句」「様態存在動詞句」「接着動詞句」「出現動詞句」「態度の動詞句」「働きかけの自動詞句」「原因・変化動詞句」「主体改変動詞句」「相互的なト格に置換されるもの」「関係動詞句」という動詞類が挙げられている。これに具体的な動詞を加えたリストを表1に示す。

　このリストは一見、「格パタン」とその「連語的な意味」としての動詞句、さらに、そこに含まれる動詞までをうまく網羅しているように見える。しかし、以下のような問題が指摘できる。

　まず、「出現動詞句」と「出発動詞句」が、異なる「格パタン」に重複して記されている。特に、「出現動詞句」が［ガ，ガラ］型と［ガ，ニ］型にあるという分類は問題であろう。また、それぞれで挙がっている動詞のメン

表1　森山(1988)

[ガ，カラ] 型	
「出現動詞句」	生まれる・出る(出現の意味)・できる・発生する・出現する
「出発動詞句」	出る、離れる、去る(行き先が問題にされない場合)、脱出する
「消滅動詞句」	なくなる、消える
「成分の動詞句」	できる
[ガ，カラ，ニ] 型	
「出発動詞句」	散る、離れる、出発する
「単純移動動詞」	上がる、移動する、動く、移る、下がる、渡る
「主体改変動詞句」	改まる、変わる、なる、変身する、変心する
[ガ，ニ] 型	
「存在動詞句」	ある、いる、存在する、実在する
「様態存在動詞句」	浮かぶ、沈む、そびえる、隠れる、泊まる
「接着動詞句」	あたる、埋まる、収まる、こびりつく、ささる
「出現動詞句」	現れる、生ずる、吐き出す、燃え立つ
「態度の動詞句」	憧れる、飽きる、お辞儀する、干渉する
「働きかけの自動詞句」	挨拶する、お辞儀する、握手する、逆らう
「原因・変化動詞句」	驚く、呆れる、悩む、困る
「主体改変動詞句」	改める、変える、化す、なる
「相互的なト格に置換されるもの」	会う、関わる、別れる、混ざる
「関係動詞句」	関与する、困る、いる

バーが重複していない理由も明確には示されていない。そして、それぞれの「格パタン」に共通する意味がどのようなものであるか捉えにくく、また「出現動詞句」や「出発動詞句」などの関係もわからない。

　さらに、例えば、「出る」は、[ガ，ガラ] 型「出現動詞句」「出発動詞句」の両方に挙がっていて、「出現動詞句」では「出る(出現の意味)」とされている。このような表し方は、同じ動詞の「格パタン」ごとの連語的な意味を考えるという当初の目的とは異なるものになるであろう。つまり、最初に動

詞の意味によるグループを作り、それから、個々の動詞がそのメンバーに分類できるかを見ていき、最後に「格パタン」ごとに整理するといった、従来の方法と変わりはなく、(3a～c)で示した連語論的アプローチの特徴が生きていないのではないだろうか。

　以上のような問題は、動詞の分類から始めるところにその原因があると言える。つまり、動詞の意味分類をしてできあがったものがどのような格パタンをとるかで再分類していることにより生じる問題と考えられる。

　以上、格助詞の組み合わせに注目した日本語学の記述的な先行研究を見てきた。これらの先行研究は、動詞という語彙レベルの意味拡張を扱ったものである。即ち、興味の中心は、主に動詞の"多義"的用法にあり、その記述・説明には、格助詞の働きも考慮すべきだという主張に集約できる。本書では、より積極的に格助詞の働きに注目する。次に、本書での「格パターン」について述べたい。

4.1.2　格パターンの類型

日本語の構文レベルの形式は、名詞や動詞を捨象した格助詞の組み合わせ、即ち、「格パターン」により認識される。文法格／意味格(ないしは構造格／固有格)の区別[4]はともかく、日本語では、ガ格、ヲ格、ニ格、カラ格などの組み合わせによって、一定の格パターンが形成される。ただし、デ格は格パターンの構成メンバーには含まれない[5]。格助詞のうち、構文の形式に関わるものは、ガ格、ヲ格、ニ格、カラ格というように非常に限られたものしかない[6]。従って、限られた格助詞の組み合わせによる格パターンには複数の構文的意味が結びついており、これが構文の多義性を生み出している。

　構文文法的アプローチによる言語研究において、構文の形式の側面についてあまり取り上げられることはなかったのは、それらの研究の多くが英語を対象として行われてきたことが大きく関わっていると思われる。これについては、本章の冒頭で述べた通りである。英語では語順が固定的なので、構文の形式が語順に左右されることは少ない。そのため、二重目的語構文であればほとんどが SUBJ V OBJ OBJ_2 のような形式で表示できる。つまり、英語

の構文文法的研究では、構文の形式はほぼそのまま語順による文法関係の表示と同様であるため、取り立てて議論されることは少なかった。

これに対し、日本語では、文法関係の表示、及び、いわゆる意味役割の表示には格助詞が深く関わっている。そこで、日本語を扱う構文文法では、格助詞を用いることにより、その形式面がより明らかに捉えられるのではないかという考えが生じる。このような発想から生まれたのが、本書で提案する「格パターン」構文という考え方である。日本語の構文の形式とは、名詞や動詞を捨象した格助詞の組み合わせ、即ち、「格パターン」により定式化できる。例えば、英語の二重目的語構文の例に該当する「太郎が花子に本をあげた」では、SUBJ V OBJ OBJ$_2$ とするのではなく、［ _ ガ _ ニ _ ヲ V ］というように格助詞をそのまま構文の表示形式に用いるのである。

本書で議論する代表的な格パターンとそれに関わる構文は以下のようなものである[7]。

(6)　本書で扱う主な格パターン

　　　［ _ ガ _ ヲ V ］　　　　　【一方向的作用】構文／【使役】構文
　　　［ _ ガ _ ニ V ］　　　　　【双方向的作用】構文
　　　［ _ ニ _ ガ V ］　　　　　【存在】構文
　　　［ _ ガ _ カラ _ ニ V ］　　【変化】構文
　　　［ _ ガ _ ニ _ ヲ V ］　　　【授受】構文
　　　［ _ ガ _ ヲ _ カラ _ ニ V ］【移送】構文

このような格パターンによる表示には、「日本語の語順は制約が緩やかであり、この種の格パターンを認めることに意味があるのか」、あるいは、「格パターンに現れる格助詞の配列は固定的に考える必要があるのか」という疑問が示されるかも知れない。これに対して、本書では、格パターンを形成する格助詞の線条的な並び方に大きな意味があると考える。

従来、オノマトペなどの一部の例外を除き、形式と意味の関係は恣意的であるとされてきた[8]。しかし、構文の形式面を担う格パターンと構文の意味

の基盤となるイメージ・スキーマとの間には、有縁性が認められる。即ち、格パターンには、「イメージ・スキーマ（image schema）」によって概念化される事態の時間的な流れや注意・意識を向ける順序が反映されているのである。例えば［_ガ_カラ_ニV］という構文の具体例である「太郎が東京から千葉に引っ越した」という文では、「太郎」がもともと「東京」に住んでおり、引っ越しによって、新たに「千葉」に住むようになったということを表している。格パターンは、これを忠実に［_ガ_カラ_ニ］というように表す。即ち、現実の事態での時間的経過が格パターンの格助詞の並びに反映されているのである。もちろん、日本語は語順に関する制約が緩やかであり、強調などの表現効果を狙った場合は、「太郎が千葉に東京から引っ越した」という言い方も可能かも知れない。しかし、この場合は表現効果を高めるため、「千葉に」の部分に何らかの音韻的卓立が施されるであろう。つまり、この種の強調など表現効果は、基本的な格パターンが認められているからこそ成り立つ手法である。

　では、同じくガ格とニ格が用いられている［_ガ_ニV］と［_ニ_ガV］とではどうであろうか。

(7) a.　［_ガ_ニV］「太郎が学校に行く」
　　 b.　［_ニ_ガV］「上野動物園にパンダがいる」

本書では、［_ガ_ニV］と［_ニ_ガV］とでは大きな意味の違いがあると考える。(7a)では、移動主体「太郎が」がガ格で、到達点「学校に」がニ格で示され、それが［_ガ_ニ］という格パターンを形成しているが、これは、"太郎が学校ではない場所から出発し学校に到着する"という事態の生起の順序が反映されたものである。本書ではこのような構文を【着点的−変化】構文と呼び、以下のような図式で表す（この図式の詳細については6章で述べる）。

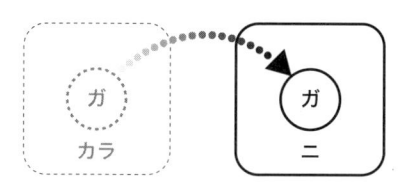

第 4 章　構文の形式と意味、及び、構文の意味拡張　87

図式 1　【着点的 − 変化】構文

　一方、(7b)では、存在する場所「上野動物園に」がニ格で、存在物「パンダが」がガ格で示され、[＿ ニ ＿ ガ] という格パターンを形成している。これは、(7a)とは異なり、移動ではなく状態を表しているので、事態の生起という見方はできない。本書ではこれを【存在】構文と呼び、以下の図式で表す。

図式 2　【存在】構文

　この場合は、注意・意識を向ける(心的接触(mental contact)の)順序が、重要となる。つまり、[＿ ニ ＿ ガ V] という格パターンでは、ニ格が参照点(reference point)としての働きを担うのである。参照点というのは、何かを探す際に手掛かりとなるアクセスしやすい際立った存在を指す(Langacker (1993))。目当てのもの(標点(target))を探す際、目印となるようなより見つけやすいもの(参照点(reference point))をまず探して、それを手掛かりに目当てのものを探すのと同じように、注意・意識を向ける順序が線条的に [＿ ニ ＿ ガ V] という格パターンに反映されているのである。
　このように、格パターンには、事態の生起の時間的順序や注意・意識を向ける順序が反映されているため、この線条的な性質も重要であると考えられる。

以上、本節では、構文の形式面を担う「格パターン」について見てきた。格助詞の組み合わせが動詞の意味の違いに関わるという見方は、従来の日本語学・国語学での記述的な研究にも見られた。しかし、それらは主に、動詞の"多義"が格助詞の組み合わせと関わっているという、あくまで動詞の意味という観点からのものである。しかし、ここまでの議論からわかるように、格パターンは構文の形式として特定の構文的意味を想起させる働きを持つ。そして、その構文的意味に特定の動詞が融合することで生じるのが、いわゆる動詞の"多義"であると考えられる。

次節では、本書で提案する構文の意味の側面について述べていく。

4.2　構文の意味：イベント・スキーマ

本書では、構文の意味は「イベント・スキーマ」によって定式化する。本章の冒頭で述べたように、「イメージ・スキーマ」を根源的な意味基盤とする「イベント・スキーマ」が構文の意味を担っていると考える。本節では、この「イベント・スキーマ」について、述べていくが、その前に、「スキーマ」、及び、それが構文に適用された「構文スキーマ」について簡単に触れておきたい。

吉村(2002b)によれば、スキーマとは、「知識を過去の経験に基づいて抽象化し、構造化することによって鋳型・規範の状態に組み替えられた知識のあり方」であり、「新しい経験、異なった場面に、適切にかつ効率的・合理的に対処するための心理的方策の1つである」と言う。そして、言葉に関わる情報もスキーマ化されて蓄積され、経験によって蓄積された多様な知識がスキーマの形で記憶・再生され、新しい経験を記号化するときの便宜として働くものであるという(吉村 2002b:77)。

このようなスキーマの考え方は言語にも適用される。言語スキーマには、音韻スキーマ、形態スキーマ、複合表現のスキーマ、構文スキーマなどがある。音素に対する異音や形態素に対する異形態のように、一つ一つの異なる事例を憶えているよりも、1つの形態スキーマの形で記憶し理解しておく方

第 4 章　構文の形式と意味、及び、構文の意味拡張　89

が理にかなっていると吉村(2002b)では述べている。

　さらに、吉村は、「構文についても、多様な表現を個々バラバラに記憶しておくよりは、意味と形式との類似性を捉え、それを抽象化・構造化しスキーマの形にして記憶しておくほうが理にかなっている」と指摘する(吉村2002b:77)。例えば、「行為」「移動」「起点」「経路」「目標」「発生」「結果」など、われわれは日常的な経験の諸相を一定の概念に置き換えてスキーマの形で記憶している。その際、構文として最も抽象度の高いスキーマは「何か(X)が生じた〈発生〉」「何か(X)が別の何か(Y)に行為した〈行為〉」「何か(X)が移動した〈移動〉」などのスキーマであると述べている。例えば、英語表現 Something happened. / Someone did something. 等は 1 つの具象化された表現例であるとともに、スキーマ度の高い表現であるとも言える。多くの場合は、X や Y にあたる変項に the truck や John などの具体的指示対象を入れたり、happened や did something を moved、kissed Mary などに置き換えたりすることで、より情報性の高い表現(The truck moved(トラックが動いた)／John kissed Mary(ジョンがメアリーにキスした))に具象化されると述べられている。

　吉村(2002b)は、構文にこうしたスキーマを想定することにより、より抽象度の高い構文スキーマから、より現実的で具体性の高い事例を引き出すスキーマの事例化を考えているのが構文文法であると述べている(吉村2002b:77-78)。

　また、早瀬(2002)によれば、スキーマは、それが最初から与えられているものではなく、具体事例に接する中から、抽出していくものであると言う。そして、カテゴリー内の構造が複雑になり、多種多様な表現が可能になればなるほど、共通性として取り出すことのできるスキーマは抽象度を増すと述べている。つまり、カテゴリーは常に動いており、私たちは、プロトタイプとの類似性を発見することでカテゴリーを拡張し、同時にその拡張例とプロトタイプとの共通性をスキーマという形で抽出する、ということを絶えず繰り返していると早瀬は述べている[9]。

　以上、スキーマ、構文スキーマという概念についての認知言語学の考え方

を見てきた。本書で扱う言語現象に関して言えば、構文の形式を担う格パターンは種々の具体的な構文的意味と結びついていると言える。しかしながら、それらの構文的意味は無関係なものではなく、ある繋がりを持っている。それがこの構文のスキーマ的な意味であり、そのスキーマ的な意味を共有する構文は同じ格パターンを持つものと言える。

以下では、構文的意味に関わるイベント・スキーマに関する先行研究として、影山(1996, 1999)、及び、山梨(1995, 2000)をとりあげる。

4.2.1　イベント・スキーマに関する先行研究

ここでは、本書のイベント・スキーマに類似するが、しかし、異なる概念として、語彙概念構造における意味述語、及び、ビリヤードモデル的なエネルギー連鎖を基盤とするイベント・スキーマについて検討する。

4.2.1.1　語彙概念構造と意味述語：影山(1996, 1999)

構文文法で想定する構文的な意味は、語彙意味論(概念意味論・動詞意味論)的なアプローチで採用されている語彙概念構造(Lexical Conceptual Structure–LCS)との類似性が認められる(Goldberg 1995:9)。Goldberg (1995)の翻訳である河上・早瀬・谷口・堀田(2001)の「訳者解説」でも、「これらのアプローチの違いは、意味をどのレベルで抽象化し、どういった単位に帰属させるかにあると言えるのではないだろうか。その違いは、シンタクスの自律性など、理論的前提の相違を反映したものであろうが、その背後にある直観が捉えている現象そのものは、ほぼ等価なものと思われる」と述べている(河上・早瀬・谷口・堀田 2001:319–320)。

まず、語彙概念構造、及び、これを想定する語彙意味論的なアプローチはどのような考え方に立つものかを影山の一連の記述(影山 1996, 1999)を例に検討したい。

影山(1999)は、語彙概念構造の考え方は基本的に以下の4つの発想に基づいていると言う。

（8） 語彙概念構造の考え方：
　　a． 何千あるいは何万とある動詞は、てんでんばらばらな意味構造を持つのではなく、「移動」「状態変化」「活動」などの意味タイプによって幾つかのグループにまとまる。
　　b． それらは、外界の出来事を認識し、動詞として言語化する際の式型（スキーマ）になる。
　　c． 語彙概念構造は、個々の動詞が持つ概念的・含蓄的意味を全て網羅的に示す必要はない。さしあたっては、当該言語で統語的に意義のある意味特性を示せば良い。
　　d． 語彙概念構造は、幾つかの限られた意味述語と、それが取る項で構成される。

(影山 1999:63-64)

ここでの影山の記述は、語彙意味論的なアプローチをとる立場においては一般的なものであろう。興味深いことに、(8a～d)の「動詞」という部分を「構文」に置き換えれば、構文文法の主張とほとんど変わらないものになる。実際、Goldberg 自身も、構文文法的アプローチは、Pinker(1989)や Levin(1985)などの語彙規則によるアプローチにかなり通じる部分があると述べている。一方、この2つのアプローチの最も大きな相違点は、構文文法的アプローチが「動詞と構文の関係」の特徴により強く焦点を当てていることに由来するとし、この点について、語彙規則によるアプローチでは、規則自体の陳述の中で暗に表されているに過ぎないと述べている(Goldberg 1995:9)。

　語彙意味論的アプローチと構文文法的アプローチの相違は、上の(8)に続く影山の記述によりはっきりしてくる。影山(1999)は、「語彙概念構造は統語構造との対応関係を重視して作られた意味構造である。言い換えれば、統語構造との対応関係—意味構造のどの部分が文構造で主語となり、どの部分が目的語になるかといった関係—を明らかにすることを目的としている」と述べている(影山 1999:66)。これについては、影山(1996)でより明確に述べられている。

(9) 統語構造と意味構造の関係(影山 1996:40–41)：
　　統語構造の在り方を意味構造に反映させるということは、言語の分析においてはとりわけ重要な仮定だと思われる。もちろん、統語構造との繋がりを考慮せずに意味構造だけを抽象的に考えることもできるし、そのような研究もたくさんある。しかしながら、言語というものは形(form)と意味(meaning)の2つの側面が揃って成り立つものであるから、形(つまり統語構造)を無視して意味だけを考察することは有意義ではない。意味構造を考える際にも、意味的直感だけに頼った思弁に陥るのではなく、統語的ないし形態的な裏付けに基づいて考察を進めていくことが大切である。

このように、統語構造を重視するのは、統語論の自律性(autonomous syntax)を基本とする生成文法的な考え方に通じるものであろう。これに対し、これまで何度も述べてきたが、構文文法的アプローチは意味に重きを置く認知言語学に通じるものである。この点において、つまり、指向する領域に両者の違いが認められる。

　以下では、両アプローチの理論的前提の相違やその優位性などの問題には立ち入らず、「その背後にある直観が捉えている現象そのもの」である事態の基本的タイプについて見ていく。

　影山(1999)では、語彙概念構造は「統語構造との対応関係―意味構造のどの部分が文構造で主語になり、どの部分が目的語になるかといった関係―を明らかにすることを第1の目標としている。そのため、単なる図ではなく、一種の論理式を用いる。その論理式は、限られた数の意味述語(semantic predicate)と、その項(argument)で成立している」として、以下のような意味述語を挙げている(影山(1999:66))。

(10) **意味述語**
　　a.　BE：静止した「状態」を表す。
　　a'.　AT：BEと一緒に用いられて、抽象的な状態ないし物理的位置を

示す。
　　b.　BECOME：「変化」を表す。
　　c.　MOVE：「移動」を表す。
　　d.　ACT：継続的あるいは一般的な「活動」を表す。
　　d'.　ON：ACTと一緒に用いられると、働きかけの対象を表す。
（影山 1999:66）

この意味述語の組み合わせにより(11)のような語彙概念構造の基本形が得られる。

(11)　**語彙概念構造の基本形**
　　a.　「状態(state)」
　　　　[[　] y BE AT- [　] z]
　　b.　「動き」
　　　　1.「変化(change)」
　　　　　[BECOME [[　] y BE AT- [　] z]]
　　　　2.「移動(motion)」
　　　　　[[　] yMOVE [PATH] z]
　　c.　「活動(activity)」
　　　　[[　] x ACT ON- [　] y]
　　d.　「使役(causation)」
　　　　[[　] x CAUSE [BECOME [[　] y BE AT- [　] z]]]
（影山 1999:65）

このうち、意味述語のBEと状態動詞の語彙概念構造について見てみよう。
　影山(1999)は、BEは動きのない静止を表して、その後ろのAT〜と一緒になって物理的な位置ないし抽象的な状態を表すと説明している。状態動詞の典型は、be動詞、remain、stay、exist、flourish、belong、liveなどで、これらは時間の概念を超越して本来的な状態を表すと言う。そして、状態動詞

の語彙概念構造の基本形は、以下のように表している。

(12)　状態動詞の語彙概念構造
　　　　[[　] y BE AT-[　] z]
　　　　　|　　　　　　|
　　　　何／誰が　どこ／どんな状態に　（ある／いる）

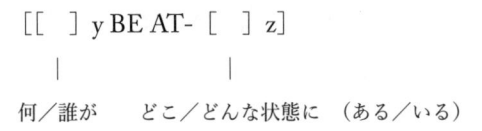

(影山 1999:67)

　意味述語 BE、AT は、それぞれ項を取る。BE の前の空欄(y)が「主語(何が／誰が)」にあたり、AT の後ろの空欄(z)が「どこ／どのような状態」にあたる。これらの空欄は、変項(variable)と呼ばれ、実際の文では具体的な名詞が入ると影山(1999)は説明している。
　このように、語彙概念構造はスマートに形式化されており、また、事態レベルの意味の差異についても説明が可能である点で魅力的なアプローチと言える。例えば、「状態変化」と「働きかけ」を分けて考えている点などは、本書の構文の意味の考察にも参考となる。

(13) a.　子供が障子を破った。「状態変化」　　　　　（影山 1999:64）
　　 b.　子供が障子を押した。「働きかけ」　　　　　　　（同上）

　いずれも他動詞である(13a, b)の、(13a)には状態変化が認められるが、(13b)には認められない。このような意味の違いを、「破る」は、「使役」、「押す」は「活動」という語彙概念構造の違いによって説明することができる。
　このように、形式的に整っており、また、事態レベルの意味の説明にも対応できることから、Goldberg(1995)の構文でも、意味の記述にこの種の語彙概念構造に似た意味述語が採用されている。
　しかし、本書では構文の意味の記述にこの種の意味述語は用いない。それは、本書では、事態レベルに関わる概念的な意味、即ち、意味述語の"意味"に注目するからである。本書での議論の出発点には、「状態(BE AT)」、「変

化(BECOME)」、「移動(MOVE)」、「活動(ACT)／働きかけ(ACT ON)」などといった概念はどこから来るものなのだろうかという問題意識がある。そして、これらの"意味"は、最初からそこに存在するものではなく、具体的な日常の経験を基盤とする「イメージ・スキーマ」によって動機付けられていると思われる。影山が言うように、語彙概念構造が「統語構造との対応関係―意味構造のどの部分が文構造で主語になり、どの部分が目的語になるかといった関係―を明らかにすることを第1の目標としている」ということから考えれば、この種の疑問は周辺的なものかも知れない。しかし、「状態(BE AT)」「変化(BECOME)」といった意味述語の"意味"を考えることで、文レベルの意味の拡張がより体系的に説明できるのである。この問題に関しては、山梨(2000)にも同様の指摘がある。さらに山梨は、語彙概念構造の意味述語に用いられる原因、変化、状態等の事態認識に関わる概念は、われわれの経験から独立して、存在するのではなく、「原因は力」、「変化は移動」、「状態は場所」といった空間的メタファーによって拡張された概念であると指摘している(山梨 2000:237)。

　以上のような観点から見ると、語彙概念構造に用いられている意味述語は、言語のある形式的なレベルの記述・説明の道具としては有用だが、構文の意味の記述・説明に用いるには、"形式化されすぎている"と言える。本書では、意味と形式を対応させた以下のような図式で構文を表示する。

図式3　【存在】構文

　この表示は、格パターンが［＿ニ＿ガ V］ということと、ニ格で示される領域にガ格で示されるモノがあるという、〈容器〉のイメージ・スキーマを意味基盤とする《状態》というイベント・スキーマを表している。この表示

の詳細については、6章で述べるが、このような図が単なる"お絵かき"ではなく、「図式」として抽象化・構造化されたものであれば、言語を記述・説明するものとして非常に有効なものになると考える。このような「イメージ・スキーマ」を意味基盤とする図式は、多くの事例研究によって発展し、整備されてきた語彙意味論的なアプローチでの語彙概念構造を用いた意味の拡張にも、経験的な基盤を与えることができると言えよう。

次に、本書が事態の意味の捉え方の上で参考とした山梨(1995)でのイベント・スキーマについて見ていく。

4.2.1.2 イベント・スキーマと事態認知：山梨(1995)

山梨(1995)は、外部世界は、様々な事態から成り立っており、われわれは、この事態を、ある基本的な認識のパターンに基づいて理解していると述べている(山梨 1995:251)。そして、外部世界の事態・状況は「イヴェントスキーマ」によって把握されるとし、この「イヴェントスキーマ」は、「状態」、「変化」、「因果関係」といった基本概念の関係によって規定されると述べている(山梨 1995:235)。ここで、山梨が「イヴェントスキーマ」と呼ぶものは、「命題スキーマ」の下位類である。まず、これについて、見ておこう。

山梨(1995)によれば、外部世界を理解していく際には、少なくとも2つの認識の様式が関わると言う。1つは、外部世界の様々な事態を、「行為」、「因果関係」、「変化」、「状態」等を反映する命題的な知識のスキーマに基づいて理解していく様式であり、もう1つは、具体的なアナロジーやメタファーに基づいて理解していく様式である。そして、日常言語に反映される意味の世界は、少なくともこの2つのタイプのスキーマから規定していくことが可能であると述べている。

(14) 外部世界の理解に関わる2つのスキーマ(山梨 1995)
  a. 「命題スキーマ」
    外部世界の諸相を、〈行為〉〈因果関係〉〈変化〉〈状態〉等の基本関係によって把握していくことを可能にする。

b. 「イメージ・スキーマ」
   外部世界の様々な側面を心理的な表象ないしは象徴的な表象によって把握していくことを可能にする。

(山梨 1995:234–235)

山梨(1995)は、命題スキーマのうち、特に外部世界の事態、状況を把握していくスキーマを「イヴェントスキーマ」と呼んでいる。この「イヴェントスキーマ」のうち、「状態」は、モノの存在ないしはモノとモノの関係、「変化」は状態の推移ないしはモノの移動、「因果関係」はモノからモノへの力（ないしはエネルギー）の移動とその影響による状態変化から成り立っているという(山梨 1995:251)。

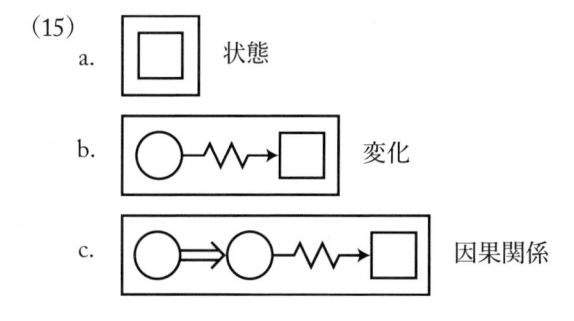

(15)
　　a. □　状態

　　b. ○〜〜▶□　変化

　　c. ○⇒○〜〜▶□　因果関係

(山梨 1995:254)

(15a～c)ともに、外側の長方形のフレームは認知のスコープを示すものである。(a)は状態であり、ボックス(内側の□)がその状態を示す。(b)は変化である。波線の矢印は変化のプロセスを示し、サークル(左の○)は変化の初期状態、ボックス(右の□)は変化の起こった後の状態を表している。(c)は因果関係であるが、これは、(b)の変化に加え、この変化を引き起こす存在が加わる。これは、左端のサークルで示され、そこから伸びている二重の矢印(⇒)はこの変化を引き起こす存在の力・エネルギーの推移を示している。

山梨は、事態認識の基本的なパターンのネットワークに基づく文の認知モデルを、認知ネットワークモデルと呼び、日常言語の構文はこのネットワークモデルの基本的なパターンとその拡張のプロセスを介して相対的に規定していくことが可能であると述べている（山梨 1995:254–255）。例えば、(16)のa～dの基本的な意味関係は、それぞれ(17)のa～dのように示される。

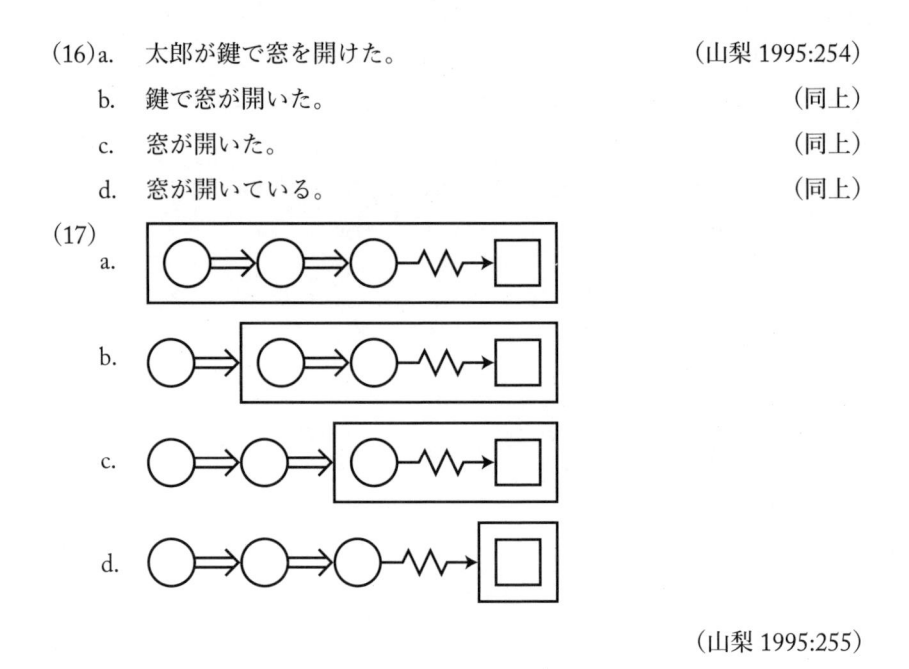

(16) a. 太郎が鍵で窓を開けた。　　　　　　　　　　（山梨 1995:254）
　　 b. 鍵で窓が開いた。　　　　　　　　　　　　（同上）
　　 c. 窓が開いた。　　　　　　　　　　　　　　（同上）
　　 d. 窓が開いている。　　　　　　　　　　　　（同上）

(17) a.
　　 b.
　　 c.
　　 d.

（山梨 1995:255）

(17a)は行為の主体である「太郎」、手段としての「鍵」、変化の対象・結果としての「窓」のいずれもが前景化されている。従って、この場合は、「太郎」、「鍵」、「窓」の3つが○でそして、変化の結果としての「窓」が□で示され、全体がボックスのフレームで囲まれている。しかし、(17b)では、行為主体の「太郎」は背景化され、スコープには入らない。そのため、ボックスのフレームは前景化された手段と対象と結果の3つを囲む。(17c)は行為の主体と手段が背景化され、変化の対象と結果のみが前景化している。(17d)は変化の結果だけが前景化されている。

また、山梨(1995)は、状態変化の結果は常に前景化されるわけではないとして、(18)のような例を挙げている。

(18) a. 次郎がドアを壊した。　（山梨 1995:255）
　　 b. 次郎がドアを叩いた。　（同上）

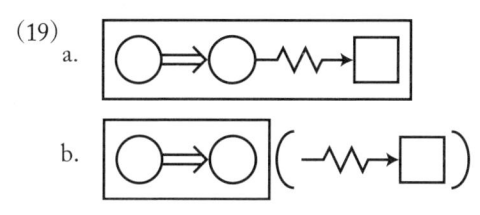

(19) a. ［○⇒○〜〜▶□］
　　 b. ［○⇒○（〜〜▶□）］

（山梨 1995:255）

(18a, b)はいずれも他動詞文ではあるが、異なる事態認識が(19a, b)の図には反映されている。(19a)は状態変化が認知のスコープに入っているが、(19b)は入っていない。つまり、(19b)は行為の結果として状態変化が引き起こされていないため、単なる行為のみが前景化されているのである。

以上、山梨(1995)での、「状態」、「変化」、「因果関係」といった基本概念の関係によって規定されるイベント・スキーマについて概観した。このモデルは、ビリヤードボールモデル(Langacker 1991)に見られるようなエネルギーの連鎖といった観点からは有益なものと言えよう。しかし、本書ではこのような意味でのイベント・スキーマは採用しない。これについては、影山(1996)の指摘が参考になる[10]。

影山(1996)は、ビリヤードモデルが行為者から結果状態への連鎖という使役行為を基本的なスキーマとして設定している点に注目する。そして、これは、ビリヤードモデルを提案している学者が英語、即ち「スル型」言語を母語とすることと関連するのかも知れないと述べ、英語的な発想からすれば、世の中の事象全てに行為者ないし使役主が関与している(スル表現)と考えるのが自然だろうとの見解を示している。しかし、このようなエネルギーの連鎖は、日本語から見れば、必ずしも基本とは言えないということを示唆している。影山(1996)の「日本語の「ナル型」の発想からすると、逆に、

静止状態あるいは自然発生的な出来事の方をむしろ基本として、使役主はそれに付加されたものとみなすという考え方もできる（影山 1996:46–47）」という指摘は、本書の構文的意味の考え方に通じるものである。

以下では、構文の意味的な側面を担うイベント・スキーマについて述べる。

4.2.2 本書でのイベント・スキーマ

本書では、日常言語によって把握・表出される事態は、《状態》、《変化》、《関係》、《作用》という4つのイベント・スキーマが基盤となっていると考える。その4つのイベント・スキーマとその意味的な基盤となっているイメージ・スキーマは以下の図のように示される。

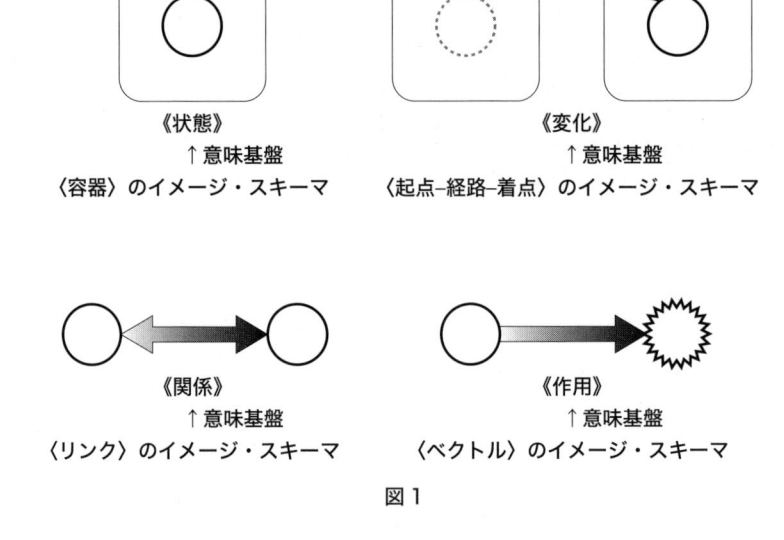

《状態》
↑意味基盤
〈容器〉のイメージ・スキーマ

《変化》
↑意味基盤
〈起点–経路–着点〉のイメージ・スキーマ

《関係》
↑意味基盤
〈リンク〉のイメージ・スキーマ

《作用》
↑意味基盤
〈ベクトル〉のイメージ・スキーマ

図1

これらについて例を挙げながら見ていく。

《状態》は、より具体的には、「存在」と「所有」と「能力」とに分けられる。

(20)a.　机の上に本がある。　　　　　　　　　…「存在」
　　b.　田中先生にお子さんが 3 人いらっしゃる。…「所有」
　　c.　太郎にアラビア語がわかる。　　　　　…「能力」

これらはいずれも、[_ ニ _ ガ V] という格パターンを持つ。そして、ニ格で示される空間的領域・抽象的領域にガ格で示されるモノ（具体物・抽象物）が存在するという《状態》が表される。《状態》は以下のような図式で表す。

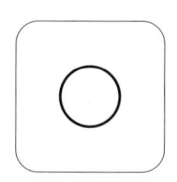

図式 4　イベント・スキーマ：《状態》

　2 つ目の《変化》は、概ね、元の領域から、ある過程を経て、他の領域に主体が位置を変えるというような意味を表す。

(21)a.　地震に驚いた子供たちが教室から廊下に出た。
　　b.　開門を待っていた観客が沿道から会場に入った。
(22)a.　信号が赤から青になった。
　　b.　田中さんは課長から部長に昇進した。

ここで言う《変化》とは、(21)のような具体的な移動と、(22)のような抽象的な状態変化を含むものである。この《変化》は以下の図式で表す。

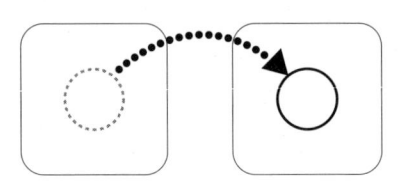

図式5 イベント・スキーマ:《変化》

また、後で詳しく述べるが、《変化》を構文的意味とする【変化】構文は、【起点的変化】構文(「タバコの広告が街頭から消えた。」)と【着点的変化】構文(「ゴジラがニューヨークに現れた。」)、さらに【経路的変化】構文(「太郎が橋を渡る。」)に拡張していく。これは、イベント・スキーマを上記のような図式を用いれば、左の□がプロファイルされるものが【起点的変化】、右側の□がプロファイルされるものが【着点的変化】、両側の□の間の点線の→がプロファイルされるものが【経路的変化】というように、直観的に表すことができる。

次の《関係》については、従来とりあげられることはなかったが、日本語の構文という観点からは、非常に重要なものと言える。

(23) a. 太郎が恋に悩む。
　　 b. 太郎がイチローに憧れる。
　　 c. 太郎が父親に逆らう。

これらは、いずれも［_ガ_ニV］という格パターンを持っている。いわゆる2項動詞であるにも関わらず、［_ガ_ヲV］という格パターンで現れないのは、ここで言う《関係》という事態が、双方向的な行為と関わるからである。例えば(23b)では、ニ格で示される「イチロー」は、「太郎」の憧れの「対象」であると同時に、「太郎」に憧れという感情を抱かせた「原因」という側面も持っている。その意味で、この事態は双方向的であると言える。この《関係》は、二者の間の双方向的なやりとりが必要になるため、両方に向いた矢印で表される。

図式6　イベント・スキーマ:《関係》

　最後に《作用》であるが、これは、《関係》と異なり、ガ格の「主体」からヲ格の「対象」へと一方向的な行為が向けられているものである。

(24) a.　太郎がテレビを見る。
　　 b.　太郎が本を読む。
　　 c.　太郎が戸を叩いた。

ただし、この一方向的な行為により、対象に何らかの変化が生じるということではない。これらは、語彙概念構造で言う「行為」の [[　] x ACT ON-[　] y] に該当するものである。従って、「変化」の [BECOME [[　] y BE AT- [　] z]] ないしは「移動」の [[　] y MOVE [PATH] z] を含まない(なお、状態変化の認められる「太郎が花瓶を割った。」は、複合事態を表す【使役】構文で扱う)。
　この《作用》は左の○からの一方向的な行為を表すので、矢印の向きも一方向で表される。

図式7　イベント・スキーマ:《作用》

　さて、以上、本書で想定する4つのイベント・スキーマについて見てきた。これらは従来の言い方で言うイベント・スキーマや語彙概念構造での意味述語と多くの共通点を持つが、次の2点において異なっている。
　1つは、本書では、これらの基本的事態の規定に際して、ビリヤードボールモデル(Langacker(1990)の「アクション・チェーン(action chain)」や

Croft(1990)の「因果連鎖(causal chain)」)、あるいは、語彙意味論的な語彙概念構造といった、一連のエネルギー連鎖を仮定していない。また、それぞれの事態は、ビリヤードボールモデル的なエネルギー連鎖の一部分が切り取られたものであるという見方をしない。この4つの基本的事態は、それぞれが他とは独立していると見る点で、従来の意味でのイベント・スキーマ(ないしは語彙概念構造)とは異なっている。これに対し、本書で言う複合的事態、即ち、《移送》、《使役》、《授受》は、従来の意味でのイベント・スキーマに近いものである。そこには、エネルギーの連鎖が認められるからである。

　もう1つは、この4つの基本的事態は、それぞれが特定のイメージ・スキーマを意味的な基盤としていると見る点であり、基本的事態とイメージ・スキーマには1対1の対応関係を認めるという点である。一方、複合的な事態は、この4つの事態の組み合わせによるものである。従って、それぞれの複合的事態には、複数のイメージ・スキーマとの関係が認められる。

　以上、本書での4つのイベント・スキーマについて見てきた。次に、これらのイベント・スキーマが事態とどのように関わっているかについて述べる。

4.2.3　基本的事態と複合的事態

上で見てきた4つのイベント・スキーマは、それぞれ単体で、1つの事態を表す。このように、1つのイベント・スキーマが基盤となって表される事態を本書では「基本的事態」と呼ぶ。基本的事態とその基盤となるイベント・スキーマ、さらに、その表示形式となる格パターンは以下のように示すことができる。

表2　基本的事態

基本的事態	事態の基盤となるイベント・スキーマ	格パターン
【存在】	《状態》	[_ ニ _ ガ V]
【変化】	《変化》	[_ ガ _ カラ _ ニ V]
【双方向的作用】	《関係》	[_ ガ _ ニ V]
【一方向的作用】	《作用》	[_ ガ _ ヲ V]

　このような基本事態が全て外界の事態を描き出しているわけではない。本書では、基本的事態に対する「複合的事態」として、【移送】、【使役】、【授受】の3つを想定する。

表3　複合的事態

複合的事態	事態の基盤となるイベント・スキーマ	格パターン
【移送】	《作用》《変化》	[_ ガ _ ヲ _ カラ _ ニ V]
【使役】	《作用》《変化》	[_ ガ _ ヲ V]
【授受】	《関係》《作用》《変化》	[_ ガ _ ニ _ ヲ V]

　これらの「複合的事態」は、4つのイベント・スキーマが組み合わせとして捉えることができる。以下、この3つの複合的事態について、例を挙げながら述べていく。
　【移送】という事態は具体的には以下のような文で表される。

(25) a.　太郎が書類を事務室から会議室に運んだ。
　　 b.　花子が本籍を東京から埼玉に移した。

これは、《作用》と《変化》の複合であり、以下のように図示される。

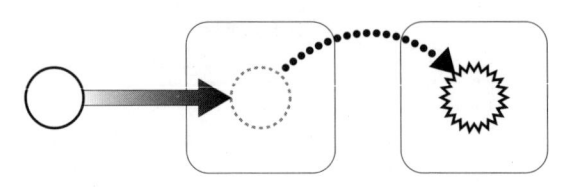

図式8　イベント・スキーマの複合：《作用》と《位置−変化》

　これは、《作用》と位置的な《変化》の2つのイベント・スキーマが複合したものである。まず、左側の○が破線の○に何らかの力を加える。それによって、破線の○は左側の□で示された元の領域から、右側の□で示された新たな領域へと位置変化(つまり移動)し、その領域に存在するようになるということを表している。つまり、《作用》によって、位置の《変化》が起こったということである。この複合的なイベント・スキーマにより、【移送】という事態が表される。
　次に、(26)のような文で具体化される【使役】について述べる。

(26) a.　太郎が花瓶を割った。
　　 b.　弟がカメラを壊した。

【使役】は、《作用》と状態的な《変化》の複合である。まず、左側の○が破線の○に何らかの力を加える。それにより、力を加えられた破線の○は、破線の□で示された元の状態から、右側の破線の□で示された結果的な状態へと《変化》することを表している。ただし、この【使役】では、【移送】とは異なり、変化の過程全体がプロファイルされる。

図式 9　イベント・スキーマの複合：《作用》と《状態‒変化》

例えば、「花子が家を建てる」という文では、釘 1 本、柱 1 本、瓦 1 枚と、少しずつ変化していき、最終的には家が建つというように、状態変化全体がプロファイルされる。

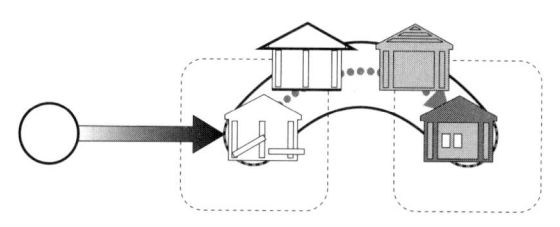

図式 10　《作用》と《状態‒変化》の具体例：「花子が家を建てる」

このように《変化》の過程全体がプロファイルされるという見方は、Dowty(1991)の「漸増的変化対象(Incremenal Theme)」に通じるものである。「漸増的変化対象」とは、概略、行為の進行に伴って対象が徐々に変化していくというものである。一般に日本語学で指摘されているヲ格の「全体性」という特徴は、このような見方からの説明も可能であろう。

　最後に、【授受】について説明する。(27)に見られる複合的事態【授受】には、《関係》、《作用》、《変化》という 3 つのイベント・スキーマが関わっている(図式 11 参照)。

(27) a.　太郎が花子に指輪をあげた。
　　 b.　弟が一郎にテレビをもらった。

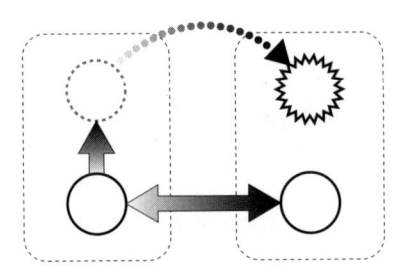

図式11　イベント・スキーマの複合：《関係》と《作用》と《変化》

これは、《関係》により捉えられる対人関係、《作用》によるモノへの働きかけ、さらに、《変化》によるモノの変化という3つの事態の下位類からなる。(27a)の「太郎が花子に指輪をあげる」を用いて説明する。左側の○は「太郎」、右側の○は「花子」にあたる。左の破線の□は、太郎の領域を表し、右の破線の□は花子の領域を表しており、左の□から出て、右の□に入るギザギザの○は「指輪」を表している。

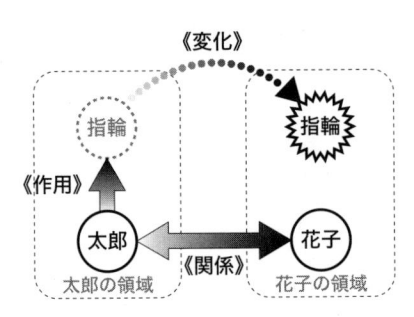

図式12　【授受】の具体例：「太郎が花子に指輪をあげる」

太郎から破線の○の指輪に向かっている一方向の矢印は《作用》を、そして、その破線の指輪が左の□から右の□に向かって点線の矢印のように《位置－変化》している。つまり、ここまでは、《作用》と《位置－変化》の複合なので、【移送】と同じである。しかし、【授受】ではこれに加え「太郎」と「花子」の《関係》が必要となる。これについては、6.2.3でより詳しく述べる。

以上、4.2.2で提案したイベント・スキーマが単体で「基本的事態」に、

そして、複合することで、「複合的事態」の基盤となっていることを見てきた。

4.2.4 イベント・スキーマと他の事柄との関係

ここまで、本書でのイベント・スキーマの特徴、及び、それらが基本的事態や複合的事態とどう関わっているかについて述べてきた。ここまでの議論は以下のようにまとめることができる。

(28) 本書での「イベント・スキーマ」の特徴
  a. 日本語の構文という観点から考えた場合、基本となる事態は、ビリヤードボールモデルに代表されるようなエネルギー連鎖のある部分を切り取ったものとしては規定されない。
  b. 外界の様々な事態は、【存在】、【変化】、【双方向的作用】、【一方向的作用】という４つの基本的事態として整理できる。本書で言う「イベント・スキーマ」はこの４つの基本的事態の認知的な基盤となるもので、これが構文の意味を担う。
  c. 《状態》、《変化》、《関係》、《作用》という４つの基本的な「イベント・スキーマ」は、互いに他に依存しない独立したのものと考えられる。（このうち《関係》という事態は、主に英語を対象とした従来の多くの先行研究では見逃されていたものであるが、日本語の「格パターン」という観点から見れば、基本的事態として認める必要のあるものである）
  d. 一方、【移送】【使役】【授受】といった複合的事態は、基本となる４つの「イベント・スキーマ」の組み合わせにより把握される。

ここまでの議論は、日常の事態はイベント・スキーマが基盤になっているという主張を中心に進めてきた。ここで、本章冒頭で述べた本書の問題意識について思い出して頂きたい。それは、この種のイベント・スキーマであれ、また、語彙概念構造の意味述語であれ、このような事態レベルに関わる概念は何を基盤とするのだろうか、ということである。本書では、これらの

「状態」や「変化」というような概念的な"意味"は、最初からそこに存在するものではなく、具体的な日常の経験を基盤とする「イメージ・スキーマ」によって動機付けられていると考える。つまり、「イベント・スキーマは何を基盤としているのだろうか」という問いに、本書は「それは、イメージ・スキーマである」と答えたい。

このようなことから、(28)にまとめた本書でのイベント・スキーマの特徴に次の2点を付け加える。

(28')e. 構文の意味を担う「イベント・スキーマ」は、それぞれが1対1で対応する「イメージ・スキーマ」を意味的な基盤としている。即ち、《状態》は〈容器〉のイメージ・スキーマ、《変化》は〈起点－経路－着点〉のイメージ・スキーマ、《関係》は〈リンク〉のイメージ・スキーマ、《作用》は〈ベクトル〉のイメージ・スキーマによって動機付けられている。
　　　f. 従って、構文の意味拡張は、「イメージ・スキーマ」を介した意味拡張として捉えることができる。

次章では、構文の意味の基盤となるイベント・スキーマを動機付けるものという観点から、「イメージ・スキーマ」について考えていきたい。

注
1　ただし、ここで言う形式とは、生成文法的な意味でのものとは異なる。Goldberg (1995)の4章では、従来のいわゆる意味役割と文法構造の連結(linking)の問題に関して、「単層性理論(monostratal theory)」の立場から述べている。構文文法では、変形や移動や交替といった統語操作を仮定していない。
2　ここではとりあげないが、仁田(2002)でも「ガ、ヲ」型、「ガ、ニ」型といった「文型」を基にそれに共通する動詞の意味について述べられている。
3　この形態的な表示がどのような過程を経た結果なのかはここでは問わない。

4 この問題については、Inoue の一連の研究(Inoue(1997, 1998a, 1998b, 2001)など)が詳しい。
5 デ格のスキーマ的な意味は「範囲の限定」である。そこから、「場所・道具・原因」などの具体的な解釈がなされる。デ格が格パターンの構成メンバーでないということは、「場所・道具・原因」も事態の構成要素ではないということと同義である。ただし、同じ「場所・原因」とされるのでもニ格の「場所」と、カラ格の「原因」は外界の切り取りに関わっていると考えられる。
6 本書ではとりあげないがト格も含まれる。ト格には、「伝達」に関わる構文の伝達内容や引用の表示や「共同行為」に関わる構文の相手の表示が考えられる。
7 [_ガ _ヲV]は、同一の格パターンが異なる2つの構文の形式として現れている。
8 近年の認知言語学的なアプローチでは有縁性・類像性といった観点からの言語研究もなされている。
9 このような考え方は、Langacker(2000)の「用法基盤モデル(usage-based model)」とも密接な関係を持つものである。早瀬(2002)によれば、用法基盤モデルとは、「話者が実際の言語使用を通じて、新規の用法を基となる用法との類推に基づいて拡張し、カテゴリーのネットワークの中に取り込んでいく」という常に動いているものとして言語の総体を仮定するものである」という(早瀬 2002b:38)。Langacker の用法基盤モデルでは、言語使用と共にカテゴリーを形成し、維持し、修正していくと考えられている(早瀬 2002b:30–31)。本書は Langacker の認知文法を理論的な基盤としているわけではないが、構文文法自体が認知文法や認知意味論を含む認知言語学の一般的な考え方によっていることも事実である。従って、構文文法の考察に必要な範囲において認知言語学的な概念を導入する。
10 ここではとりあげないが、影山(1996)では、ビリヤードボールモデルについて、「この考え方は直感的には魅力があるが、ただ、われわれは意味構造というものを単なる図式ではなく、あくまで文法体系の一部分として捉え、統語構造との対応性を重視するから、ビリヤードモデルをそのまま使うことはしない」とも述べている(影山 1996:46)。

第 5 章　構文の意味を動機付けるもの：
　　　　イメージ・スキーマ

　本章では、構文の意味の根源的なものと考えられる「イメージ・スキーマ (image schema)」について検討する。「イメージ・スキーマ」とは、概略、日常生活の中で繰り返される様ざまな身体的な経験をもとに形成されたイメージを、より高次に抽象化・構造化、即ちスキーマ化したものであり、意味の拡張を動機付ける規範となるような知識であるとされる。

　従来、イメージ・スキーマは語彙的な意味の拡張(特に、英語の前置詞の多義的用法など)の説明に多く用いられていた。しかし、構文の意味にイメージ・スキーマが関わっていると見ることで、構文の意味の拡張がより体系的に説明できるようになる。本書の 4.2.2 及び、4.2.3 で「図式」として示したものは、イメージ・スキーマを基にしたものである。それらからわかるように、イメージ・スキーマは事態レベルの説明にも有効に働くと言えよう。しかし、言語の記述・説明に、図式的な「イメージ」が用いられることには抵抗があるかも知れない。これに関して、池上(1995)は、人間の言語的な営みにおいて、「イメージ」、とりわけ、その高度に抽象的な図式レベルのものとしての「イメージ・スキーマ」が関わっているという立場に立っている。池上は、「従来、人間の〈理性〉は〈分析的〉、〈感性〉は〈直観的〉(あるいは〈非分析的〉)という対立の構造があって、それとの関連で、言語はその分析機能の故に前者の秩序に属するものとされたものであった。それが、本質的には〈想像力(imagination)〉という〈感性〉の秩序に属するとされる〈イメージ〉にも、その成り立ち、機能に関して多くを依存している」と述べている(池上 1995:93)。

以下でのイメージ・スキーマ自体の考察に入る前に、まず、イメージ・スキーマが言語の意味記述にどう関わっているかということ見るために、池上(1995)の研究を概観する。池上(1995)では、日本語の具体例を挙げ、言語の意味分析におけるイメージ・スキーマの重要性が指摘されている。

5.1　言語の意味記述とイメージ・スキーマ：池上(1995)

池上(1995)では、単語レベルの意味規定、語と語の連辞関係の記述、さらに、〈移動〉と〈行為〉の概念化・言語化といった問題に、イメージ・スキーマが深く関わっているということが、豊富な具体例とともに述べられているが、ここでは、このうち、語と語の連辞関係の記述におけるイメージ・スキーマの関わりについての議論を検討する(池上 1995:94–96)。

　従来、意味論レベルでの語と語の連辞関係を記述する手法としては、「選択制限」と「コロケーション」が広く用いられてきたが、池上(1995)は、この種の問題は、イメージ・スキーマを導入することによってより満足のいく解決が得られると指摘している。

　まず、一般的な「選択制限」と「コロケーション」という2つの手法から検討してみよう。この2つの手法のうち、「コロケーション」の方は、問題となる語と結合し得る語の範囲を列挙するというかたちで規定するものである。一方、「選択制限」の方は、結合し得る語の範囲を列挙ではなくて、それらの語が満たしているべき意味特徴を規定するというかたちで示す。池上(1995)によれば、'lovely' という形容詞の場合、「コロケーション」の観点からの規定では、'woman, girl, baby...' といった語が列挙され、「選択制限」の観点からの規定では、〈女性〉あるいは〈子供〉という意味特徴が提示できると言う。

lovely	コロケーション	woman, girl, baby...
	選択制限〈意味特徴〉	〈女性〉あるいは〈子供〉

この2つの規定のうち、「コロケーション」の方は、現実の語彙の中で廃語化による脱落や新語の参入などがあると、列挙しているリストをその都度改訂しなければならない。一方、「選択制限」の方は、個々の具体的な単語の参入や脱落によって規定を変更する必要はない。従って、言語学では一般的に「選択制限」の手法による記述がなされていると池上(1995)は述べている。

　しかし、一方で、「選択制限」の手法では処理できないような語の意味的な連辞関係があるということも認識されていたと指摘している。

(1)a.　列車が鉄橋にかかる。
　　b.　月が山にかかる。
　　c.　水が服にかかる。
　　d.　父が病気にかかる。
　　e.　太郎が医者にかかる。
　　f.　私が(あなたの)お目にかかる。

これらの例では、「□にかかる」の□に相当する部分に入る「鉄橋」、「山」などの語から共通の意味特徴を抽出することは難しい。

| □にかかる | コロケーション | 鉄橋、山、服、病気、医者、お目… |
| | 選択制限〈意味特徴〉 | ?共通する意味特徴が認められない |

　このような場合には、起こり得る具体的な語を列挙しておくだけしか策がないように見えると述べている。しかし、選択制限のような共通の意味特徴を求めようとする分析的な方法の代わりに、イメージ・スキーマを導入することで、有効な説明が可能になると池上(1995)は述べている。
　池上(1995)は、(1a～f)は、一見意味的には共通のものがないと思えるが、その背後には、〈あるものがある領域に入っていく〉というイメージ・スキーマが見て取れると述べている。(1a)は、「列車が鉄橋という領域に入

り始めている」ということであり、(1b)では「山」、(1c)では「服」がこの領域に相当すると言う。この領域が抽象的な状態で現れたものが(1d)の「病気」である。この種の具体的な領域から抽象的な領域へのメタファー的な転用は、「狼がワナにかかる」と「敵が計略にかかる」との比較における「ワナ」から「計略」への転用のように、広く認められるものであると池上(1995)は指摘している。一方、(1e, f)はメトニミー的な転用が起こっていると考えられる。(1e)の「医者」は〈医者としての治療技術を行使できる〉領域と考えられ、(1f)の「お目」は、相手の〈目の届く範囲〉として同じく抽象的な領域と言うことができると言う。

　このように、意味特徴ということでは共通性を見いだすのが難しいと思われるところに、イメージ・スキーマという観点を取り入れれば、十分に共通性が想定できると指摘し、人間の言語を通しての意味的な営みにおいては、共通の意味特徴ということばかりでなく、共通のイメージ・スキーマに基づくというかたちでの処理も大切な役割を果たしていると池上(1995)は述べている。

　以上、池上(1995)で述べられている、語と語の連辞関係の記述におけるイメージ・スキーマの関わりについて概観した。論点を整理すると、語と語の連辞関係の中には、「選択制限」的な手法、即ち、共通の意味特徴を見いだすことでは説明できないと思われるものがあるが、それらに共通するイメージ・スキーマを想定することで、相互の関係が説明可能であるということである。池上(1995)での語と語の連辞関係、具体的には、「　　　」に入り得る語と「かかる」との連辞関係というのは、見方を変えると、動詞「かかる」の"多義"という言い方もできよう[1]。

（2）a.　列車が鉄橋に {かかる→近づく}。
　　　b.　月が山に {かかる→被さる}。(あるいは、「月の上方に位置する」)
　　　c.　水が服に {かかる→飛ぶ／跳ねる}。
　　　d.　父が病気に {かかる→なる}。
　　　e.　太郎が医者に {かかる→見てもらう}。

f.　私が(あなたの)お目に{かかる→会う}。

このように、動詞「かかる」には、少なくとも6つの解釈が認められる。これらの解釈は、(2a〜f)の「鉄橋」「病気」「医者」などのニ格名詞句と動詞「かかる」との連辞関係から想定されるものであり、それ故、池上(1995)はニ格名詞句と動詞「かかる」との連辞関係に〈あるものがある領域に入っていく〉というイメージ・スキーマが共有されると述べている。しかし、見方を変えると、このイメージ・スキーマは、動詞「かかる」を用いた、[AがBに'かかる']という形式に共通するものであると考えることもできる。即ち、[AがBに'かかる']という形式は、〈Aというものが B という領域に入っていく〉というイメージ・スキーマを共有していると考えられる。これは、Aというものを○、Bという領域を□とすると、以下のように図示できる。イメージ・スキーマを図で表すことは、「Aというもの」の「もの」や、「Bという領域」の「領域」が持つ語彙的な意味合い、さらに、「入っていく」という表現が持つ意味合いが、イメージ・スキーマ全体の解釈に干渉(ないしは邪魔)することを押さえられるという利点がある。

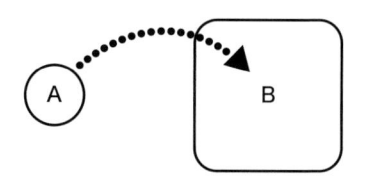

図式1 〈AというものがBという領域に入っていく〉というイメージ・スキーマ

上に図示したイメージ・スキーマは、池上(1995)で提案された〈あるものがある領域に入っていく〉様子を図示したものであるが、イメージ・スキーマはこのような特定の動詞など個々の語彙に1対1で対応しているわけではなく、意味の拡張において重要な役割を果たすものである。

5.2 構文の意味の動機付けとなるイメージ・スキーマ

イメージ・スキーマは、認知言語学的アプローチの意味的な研究において広く用いられている。Johnson(1987)では、イメージ・スキーマは以下のように述べられている。

(3) ...human bodily movement, manipulation of objects, and perceptual interactions, involve recurring patterns without which our experience would be chaotic and incomprehensible. I call these patterns "image schema," because they function primarily as abstract structures of images. They are gestalt structures, consisting of parts standing in relations and organized into unified wholes, by means of which our experience manifests discernible order. When we seek to comprehend this order and reason about it, such bodily based schema plays a central role.

(Johnson 1987:xix)

　人間の身体的運動、物体の操作、そして知覚的相互作用には、繰り返し生じるパターンがあり、このパターンがなければ、われわれの経験は混沌として理解不能なものとなってしまう。これらのパターンは、イメージの抽象構造として主要な働きを持つため、これらを「イメージ・スキーマ」と呼ぶ。イメージ・スキーマは、それぞれの部分が関係し合い、統一的な全体として組織化されたゲシュタルト構造であり、これによって、われわれの経験に識別可能な秩序が現れる。この秩序を把握しようとしたり、それについて推論する際に、このような身体的な基盤を持つイメージ・スキーマが中心的な役割を果たす。

(訳：筆者)

　また、山梨(1995)では、「イメージ・スキーマとは、外部世界に関する感覚的経験や具体的な行動を介して作り上げられる具体的表象に根ざしており、日常言語の概念構造の形成に先行するわれわれの経験を構造化している

とされている」と述べられている(山梨 1995:96-97)。

　このような性格を持つイメージ・スキーマは、日常言語にどのように関わっているのだろうか。以下では、代表的なイメージ・スキーマとされる〈容器〉のイメージ・スキーマ、〈起点―経路―着点〉のイメージ・スキーマ、〈リンク〉のイメージ・スキーマについて、Lakoff(1987)、Johnson(1987)、山梨(1995, 2000)などを参考に順に見ていく。さらに、本書での構文の考察に関わる〈ベクトル〉のイメージ・スキーマを新たに提案する。

5.2.1 〈容器〉のイメージ・スキーマ

山梨(1995)は、日常生活では様々な行為が営まれ、この行為を介して具体的なイメージ・スキーマが作られると説明している。これは、〈容器〉に限らず、イメージ・スキーマ一般について言えることである。山梨(1995)は、〈容器〉のイメージ・スキーマについて、「物を出し入れする行為もこのような日常の基本的な経験の１つである。この種の経験によって、空間の一部が境界のある領域として認知される。われわれはこの種の経験を介して容器のイメージ・スキーマを作り上げている。このスキーマは、われわれをとりまく世界の一部を一種の入れ物として外部の空間から限定して理解することを可能とする認知枠の一種として機能している」と説明している(山梨 1995:98)。

　Johnson(1987)は、〈容器〉のイメージ・スキーマを以下のように図示している。

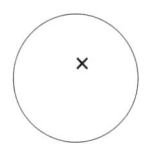

図式2　Johnson(1987:23)

　Johnson(1987)のこの図式は、○で示された容器に × で示されたモノがあるという非常に単純なものである。しかし、われわれが日常で行う様々な事

態の把握には、この〈容器〉のイメージ・スキーマが大いに役立っている。

　Lakoff(1987)には、〈容器〉のイメージ・スキーマを基盤とするメタファーの実例として(4)のような記述がある。

(4)　Lakoff(1987)の「メタファーの実例」
　　〈容器〉のイメージ・スキーマ
　　　　視界は容器として理解される。例えば、事物は視界の中に入り(come into sight)、また視界の外に出る(go out of sight)。
　　　　人間関係もまた容器に基づいて理解される。人は結婚生活に閉じ込められ(trapped in a marriage)、またそこから解放される(get out of it)ことがあり得る。
　　　　　　　　　　　　（Lakoff 1987:272／池上・河上他訳 1993:329）

(4)では、「視界」及び「人間関係」が〈容器〉として理解されているメタファーである。

　日本語の事例では、山梨(2000)の分析が参考になる。山梨(2000)は「容器のイメージ・スキーマ」を例に、「メタファー的写像」と「イメージ・スキーマの背景化」といった意味の拡張についてわかりやすく説明されている[2]。この２つを順に見ていこう。

　山梨(2000)は、「メタファー的写像」、即ち、具象的なイメージ・スキーマのレベルから比喩的な写像を介して抽象的なレベルに変換された例として、(5)〜(7)を挙げている。

(5)a.　タンクに水を入れる。　　　　　　　　　　　　（山梨 2000:141)
　　b.　タイヤの空気を抜く。　　　　　　　　　　　　　　　　（同上）
　　c.　筆入れから鉛筆を取り出す。　　　　　　　　　　　　（同上）
(6)a.　彼女は新しい劇団に入った。　　　　　　　　　（山梨 2000:142)
　　b.　鈴木氏はその政党から出ていった。　　　　　　　　　（同上）
　　c.　あのチームは出入りがはげしい。　　　　　　　　　　（同上）

(7) a. どうもいいアイデアが捻り出せない。　　　　　　（同上）
　　b. 彼は今そのことで頭が一杯だ。　　　　　　　　　（同上）
　　c. その考えを頭に叩き込んでおけ。　　　　　　　　（同上）

（5）〜（7）では、容器としての物理的な空間領域がより抽象的な空間領域に拡張されている。つまり、容器のイメージスキーマは、比喩的な視点の投影のプロセスを介して、（5）の物理的な空間領域から、（6）の社会的な空間領域、（7）の心理的な空間領域と拡張されている。しかし、この場合、容器のイメージスキーマが他のイメージ・スキーマに変換しているわけではなく、容器のイメージ・スキーマそれ自体は、心理的な実在性を持って意識されている、と山梨は述べている。そして、この場合の容器のイメージ・スキーマ自体の心理的な実在性は、以下に図示されるように、具象から抽象への比喩的な拡張のプロセスを経てもトポロジー的に継承されている、と山梨は述べている。

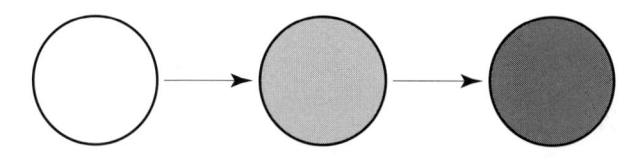

図式3　イメージ・スキーマの変容とトポロジー的継承(山梨 2000:142)

これは、物理的な空間領域(タンク、タイヤ、筆入れなど)から社会的な空間領域(劇団、政党、チームなど)や心理的な空間領域(想像、思考、記憶など)のように、領域が比喩的に拡張されても、容器のイメージ・スキーマ自体は変わらずに保持されており、その容器へ出入りするものの関係も容器の変容に関わらず同様に継承されるということである。つまり、［容器：出入りするもの］の関係は、物理的な［タンク：水］、社会的な［劇団：彼女］、心理的な［頭：考え］のように、具象から抽象への変容を経ても変わらないということである。

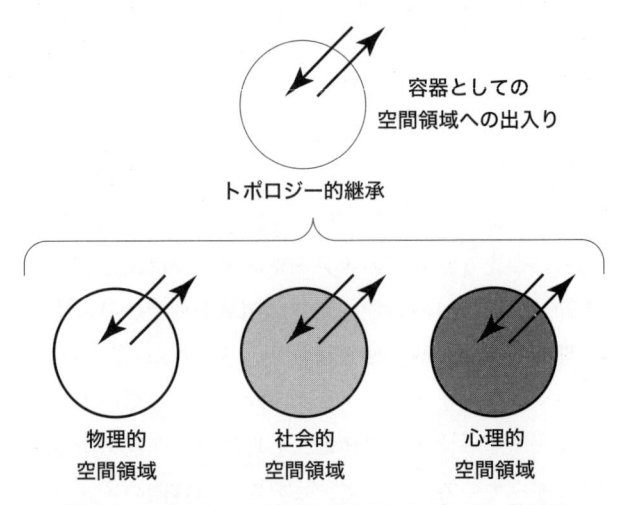

図式4　変容としての領域の出入りとトポロジー的継承

さて、(5)〜(7)の例は、容器のイメージ・スキーマが出入りする領域として解釈されるものであるが、あるものが存在する領域として解釈される状態性の高い領域への拡張の場合にも、容器のイメージ・スキーマは変わらずに受け継がれる。

(8) a.　彼は書斎にいる。〈物理的空間〉　　　　　　　　　（山梨 1995:99）
　　 b.　彼は今タイガースにいる。〈社会的空間〉　　　　　（同上）
　　 c.　彼は愛のまっただ中にいる。〈心理的空間〉　　　　（同上）

(8)のような、ニ格で表される状態性の高い空間領域の場合も、aの物理的ものから、bの社会的なもの、cの心理的なものへと抽象度の高い領域への拡張に関わらず、容器のイメージ・スキーマ自体は変化せずトポロジー的に継承されると考えられる

次に、山梨(2000)の挙げているイメージ・スキーマ自体の背景化が関わる(9)の例を見てみよう。

(9) a. 穴から蛇が出てきた。　　　　　　　　　　（山梨 2000:142）
　　b. (Xから)いい色が出てきた。　　　　　　　　（同上）
　　c. ｛月／霧｝が出てきた。　　　　　　　　　　（同上）

(9a)は、「蛇」がどこから出てきたのかという出所としての「穴」が前景化されている。これに対し、(9b)では、出所としての容器のイメージ・スキーマは背景化され、さらに(9c)では、月や霧がどこからどこから出てきたかと問われても具体的にその出所を意識することは不可能である、と山梨(2000)は述べている。山梨(2000)は、このような容器のイメージ・スキーマが次第に背景化されていくプロセスを以下のように図示している。

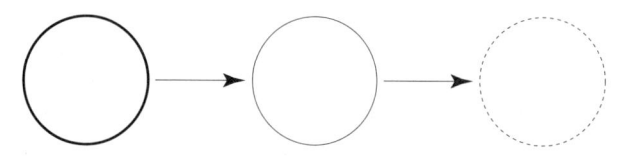

図式5　イメージ・スキーマの背景化／ブリーチング(山梨 2000:143)

　ここでは、〈容器〉のイメージ・スキーマが様々な言語表現の根源的な意味になっていること、そして、イメージ・スキーマが言語の意味の拡張に大きな役割を担っていることを見てきた。
　次に、〈起点−経路−着点〉のイメージ・スキーマについて見ていくが、このイメージ・スキーマも日常言語に広範囲に渡って見られるものである。

5.2.2　〈起点−経路−着点〉のイメージ・スキーマ

〈起点−経路−着点〉のイメージ・スキーマは、空間的に起点と着点を結んだ中間部分を経路とするものである。これは、Johnson(1987)では以下のように図示されている。

```
A           B
●──────────▶
```

図式6　Johnson(1987:28)

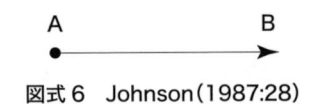

Lakoff(1987)には、〈起点−経路−着点〉のイメージ・スキーマを基盤とするメタファーの実例として(10)のような記述がある。

(10)　Lakoff(1987)の「メタファーの実例」
　　　〈起点−経路−着点〉のイメージ・スキーマ
　　　　　目的(purpose)は目的地として理解され、目的を達成することは、出発地点から終了地点へ経路を通って行くこととして理解される。従って、人は自分の目的の達成に向かって大いに前進する(go a long way toward)ということがあり得る。あるいは横道に逸れる(go sidetracked)こともあり得るし、あるいは何かが行く手をふさいでいる(邪魔になる)こともあり得る。一般的に複雑な事象も起点／経路／目標のスキーマに基づいて理解される。複雑な事象には始発状態(起点)があり、幾つかの中間段階の連なり(経路)があり、最終状態(目的地)がある。
　　　　　　　　　　　　　（Lakoff 1987:275／池上・河上他訳 1993:333）

日本語の例では、上の〈容器〉のイメージ・スキーマで見た((9)=(11)として再掲)が挙げられる。

(11)a.　穴から蛇が出てきた。　　　　　　　　　　　　（山梨 2000:142）
　　b.　(Xから)いい色が出てきた。　　　　　　　　　　（同上）
　　c.　{月が／霧}が出てきた。　　　　　　　　　　　　（同上）

さて、山梨(2000)は、この〈起点−経路−着点〉のイメージ・スキーマにも背景化のプロセスが関わると述べている。山梨は、上の〈容器〉のイ

メージ・スキーマで見た((9)=(11))は、容器からの出入りのプロセスを問題にする場合には、実際には、〈起点−経路−到達点〉のイメージ・スキーマも問題になるとして、これを以下のように図示している(山梨 2000:171-172)。

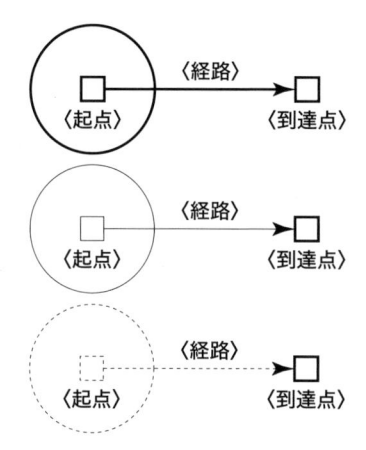

図式 7 〈容器〉のイメージ・スキーマと〈起点−経路−着点〉のイメージ・スキーマの背景化(山梨 2000:172)

この図は、〈容器〉のイメージ・スキーマと〈起点−経路−到達点〉のイメージ・スキーマを合成したものであると思われるが、このイメージ・スキーマと(11a〜c)の例の対応には注意が必要である。例えば、(11a)と図式 7 の関係を考えた場合、「穴から」が〈起点〉であるとして、何が〈経路〉と〈到達点〉にあたるのであろうか。〈経路〉は、〈起点〉の領域から〈到達点〉の領域に位置／状態変化する過程に相当し言語化されないと考えられるが、〈到達点〉に相当するものはこの図にはないのである。山梨(2000:172)の図では、この〈到達点〉がそれぞれ「蛇」「いい色」「霧」にあたるように見える。しかし、「蛇」「いい色」「霧」は、〈到達点〉ではなく、位置／状態変化する〈主体〉である。そして、〈到達点〉は、言語化されてはいないが、「蛇」「いい色」「霧」が位置／状態変化した後に存在する領域であるはずである。つまり、〈起点〉が容器のイメージ・スキーマで示されるのと同様に、〈到達

点〉も容器のイメージ・スキーマで示される必要があるのだが、これが表されていないのである。これについては、山梨自身も同書の別の箇所で言及している (山梨 2000:152)[3]。

この点を踏まえ、容器としての領域を○とし、位置／状態変化する主体を□とすると、〈容器〉のイメージ・スキーマと〈起点－経路－到達点〉のイメージ・スキーマの関係は以下のように図示できよう。

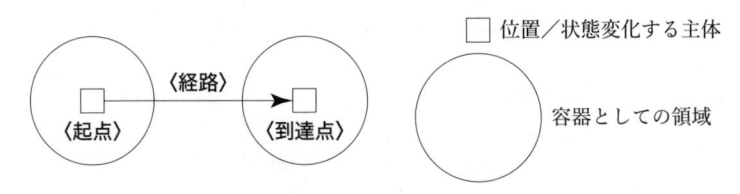

図式 8 〈容器〉のイメージ・スキーマと〈起点－経路－着点〉のイメージ・スキーマの関係

〈起点〉が左の○、〈到達点〉が右の○であり、その間の右向きの→が〈経路〉である。そして、「起点－経路－到達点」の間で位置／状態変化するものが□、左の□が元の位置・状態であり、それが位置変化・状態変化した後のものが右の□で示される。この□を仮に〈主体〉とすると、図式 8 のイメージ・スキーマが意味するものは、[〈主体〉が〈起点〉から〈経路〉を経て〈到達点〉に位置／状態変化する] ということであろう。従って、山梨 (2000) で示されている〈容器〉のイメージ・スキーマ」と〈起点－経路－到達点〉のイメージ・スキーマの背景化は、以下のように修正されよう。

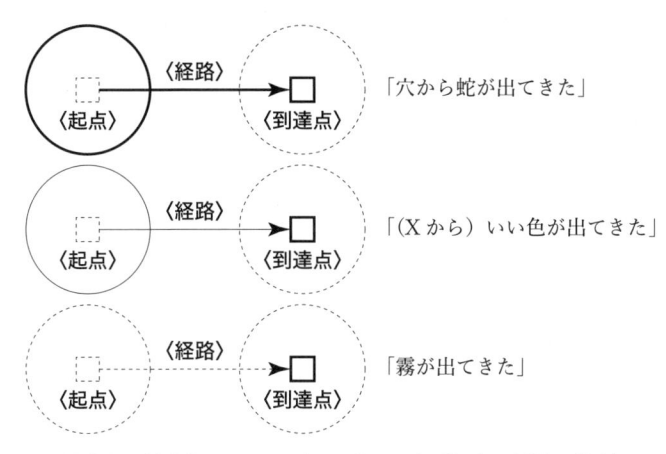

第 5 章　構文の意味を動機付けるもの　127

```
〈経路〉
〈起点〉    〈到達点〉    「穴から蛇が出てきた」

〈経路〉
〈起点〉    〈到達点〉    「(X から) いい色が出てきた」

〈経路〉
〈起点〉    〈到達点〉    「霧が出てきた」
```

図式 9　〈容器〉のイメージ・スキーマと〈起点 – 経路 – 着点〉のイメージ・スキーマの背景化 (修正版)

この〈起点 – 経路 – 着点〉のイメージ・スキーマは、経験的な空間認知を反映させたもので、典型的には移動を表すが、空間的な位置変化 (移動) から、抽象的な状態変化、さらに因果関係への「メタファー的写像 (metaphorical mapping)」がよく知られている (菅井 2002b:42)。

(12) a.　本社が新宿から六本木に移った。　　→位置変化
　　 b.　太郎が高校生から大学生になった。　→状態変化
　　 c.　太郎が過労から腰痛になった。　　　→因果関係

(12) は、「空間移動の次元」から「状態変化の次元」、さらに、「因果関係の次元」に拡張される (Lakoff 1987, 山梨 1995)。

```
    □ ·······▶ □       空間移動の次元
   〈起点〉    〈着点〉   （新宿から → 六本木に）
    ↓          ↓
   〈材料〉    〈産物〉   状態変化の次元
    ↓          ↓       （高校生から → 大学生に）
   〈原因〉    〈結果〉   因果関係の次元
                        （過労から → 腰痛に）
```

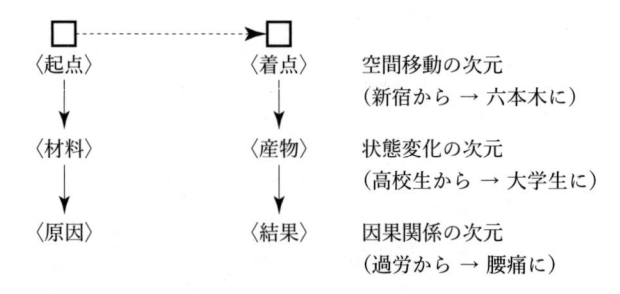

図式 10　〈起点 − 経路 − 着点〉のイメージ・スキーマのメタファー的写像

　このように、〈起点 − 経路 − 着点〉のイメージ・スキーマは様々な表現の中に見られ、かつ、意味の拡張を考える上で重要な役割を担っていると考えられる。

5.2.3　〈リンク〉のイメージ・スキーマ

　次に、〈リンク〉のイメージ・スキーマについて見てみよう。これは、AとBの結びつきを表すものである。これは、Johnson(1987)では以下のように図示されている。

```
        A           B
        ●───────────●
```

図式 11　Johnson(1987:117)

これに関するメタファーの実例として、Lakoff(1987)には (13) のような記述がある。

(13)　Lakoff(1987)の「メタファーの実例」
　　　〈リンク〉のイメージ・スキーマ
　　　　　社会関係及び対人関係はしばしば連結ということに基づいて理解される。従って、われわれは<u>関係を結んだり</u>(make connections)、<u>社会関係を断ったり</u>(break social ties)するのである。奴隷の境遇は束縛として理解され、自由はわれわれを縛りつけるものが何もないこ

ととして理解される。

(Lakoff 1987:274 ／池上・河上他訳 1993:332)

また、山梨(1995)では(14)のような例が挙げられている。

(14) a. このロープは杭とかたく結ばれている。　　　(山梨 1995:118)
　　 b. 花子は太郎とかたく結ばれている。　　　　　　　(同上)
　　 c. 物体 A が物体 B とつながっている。　　　　　　(同上)
　　 d. あの人は会社の幹部とつながっている。　　　　　(同上)

(14a)と(14b)、(14c)と(14d)には、それぞれ、具体的な結びつきから抽象的な結びつきへという比喩的な拡張が認められる。

　また、〈リンク〉のイメージ・スキーマは、Johnson の図式での A と B が対等の関係にあるものだけを表すわけではない。例えば、以下の(15)のように、何らかの行為や働きかけが相手との関係・状態で成立しないような場合にもその根源的な意味として〈リンク〉のイメージ・スキーマが認められる。

(15) a. パソコンがインターネットにつながらない。
　　 b. 太郎の意図は花子に通じなかった。

　以上の3つのイメージ・スキーマは、従来広く認められていたものである。しかし、次に挙げる〈ベクトル〉のイメージ・スキーマは、類似のもの(〈軌道〉のイメージ・スキーマや〈力〉のイメージ・スキーマ)は提案されているが、従来は扱われてこなかったものである。

5.2.4 〈ベクトル〉のイメージ・スキーマ
まず、以下の絵を見てみよう。

図1　様々な矢印

このような場面で、われわれは何らかの"矢印"を描いていないだろうか。例えば、「空を見上げる。」「光をあてる。」「演歌を歌う。」「指さす。」「的を狙う。」「シャワーを浴びる。」というような状況を考えてみよう。これらの状況では、「視線」、「歌声」、「指先」、「銃口」、「水流」などがある点から別の点に向かっていると認識されるだろう。

「視線」について言えば、われられは他人の視線に大きな関心があるのではないだろうか。「人の目を気にする」「人目を忍ぶ」「人目に付く」などの言語表現ではなくとも、例えば、町を歩いていて、複数の人が同じ方向(例えば空)を見ていたら、その視線の先に何があるかと気になってつい見てしまうことはないだろうか。また、何の音声的な情報がなくても、誰かがある

方向を指さしていれば、その先に何か注意すべきものがあるということも日常生活ではよくあることであろう。そのような目で見ると、われわれの日常は方向性を持った"矢印"で溢れていると言える。本書ではこれを「ベクトル」と呼び、このような経験から〈ベクトル〉のイメージ・スキーマというべきものが認められると考える。

　〈ベクトル〉のイメージ・スキーマは、行為主体からの方向性のみを問題とする。つまり、〈軌道〉のイメージ・スキーマと違い、「細長さ」は問題とならない。また、〈起点－経路－着点〉のイメージ・スキーマと異なり、主体(行為主体)は移動しない。主体から対象へと何らかの方向性を持った作用なり行為なりが向けられているだけである。従って、「力」というような位置変化や状態変化をもたらす強いエネルギーの流れがあるとは限らない。ただ単に、主体から対象に向かって何らかのものが方向性を持って伸びているだけである。

　ここで、「ベクトル」と呼ぶのは、「矢印の方向性」のみを指している。その矢印は視線か音か光か、あるいは、膨大なエネルギーか社会的圧力かなどということは、問題とされない。また、その矢印の先にある対象に何らかの影響があるのか、そもそも、その矢印は対象まで届くのかといったことも問題ではない。

　この〈ベクトル〉のイメージ・スキーマは、様々な言語表現の中に見て取れる。(16)～(19)は、いずれもその表現の背後に、行為なりエネルギーなりが方向性を持ち、それがある方向へ伸びているという〈ベクトル〉のイメージ・スキーマが認められるものである。

(16) a.　鋭い視線。視線が突き刺さる。注目を浴びる。
　　 b.　琴線に触れる歌。声援に後押しされる。恩師の一言が心にしみた。
　　 c.　鼻を刺す匂い。タバコの匂いがシャツに染み込む。
　　 d.　口の中に広がるほのかな甘み。舌を刺激する酸味。
(17) a.　ホームでの指さし確認。
　　 b.　あっちむいてホイ！(じゃんけんあそび)

c.　あちらに見えますのが…（バスガイドの案内）
(18) a.　部屋にやわらかな日差しが差し込む。
　　　b.　音速／光速。
(19) a.　不況が零細企業を直撃した。
　　　b.　米農家にとって収穫期の台風は大きな打撃となった。

　(16)は、視覚・聴覚・嗅覚・味覚とった五感に関わるものである。上でも述べたが、特に「視線」に関わるこの種の表現は広範囲に見られる。「鋭い」という形容や、「刺さる」「入る」「広がる」といった動詞との共起は、これらの表現の根底にある〈ベクトル〉のイメージ・スキーマに動機付けられたものと思われる。また、(17)では、指や手の先からベクトルが伸びているイメージである。このような身体に関わる表現以外にも、ベクトルは関わっている。(18)では「光」や「音」、(19)では「経済状況」や「自然災害」といった「出来事」にベクトルが見て取れる。
　このように、われわれの身の回りには、方向性を持ち、ある方向へ伸びているというイメージに関わる表現が多く見られる。
　ここで注意しなければならないのは、これらのベクトルは単に主体から対象に伸びているだけであって、必ずしも対象の何らかの変化を引き起こすものではないということである。本書で提案する〈ベクトル〉のイメージ・スキーマは、あくまでも、ある"力（エネルギー、光、音など）"が対象に向けられているということだけに関わる意味的な基盤として働いている。

5.3　概念構造の形成：イメージ・スキーマからイベント・スキーマへ

　ここまで、イメージ・スキーマについて概観してきたが、本書では、このイメージ・スキーマが構文的意味の重要な側面を担うと考える。即ち、「イメージ・スキーマ」を基盤として基本的な概念が形成され、それらがスキーマ化された「イベント・スキーマ」が構文の意味を担っていると考える。
　ここで、今までの議論の整理と、イメージ・スキーマとイベント・スキー

第 5 章　構文の意味を動機付けるもの　133

マの関係を確認しておきたい。具体的な経験からイメージ・スキーマが形成されるというところまでは既に見てきたが、それがイベント・スキーマとどのように関わり、また、イベント・スキーマがどのような働きを持っているのであろうか。以下の表は、これらの位置づけ、及び、関係を示したものである[4]。

表 1

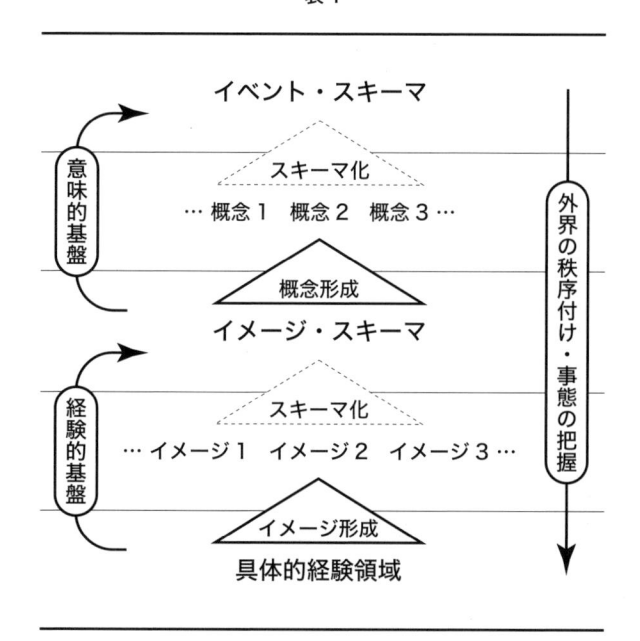

```
             イベント・スキーマ
                  △
              スキーマ化
         … 概念1  概念2  概念3 …
                △
              概念形成
             イメージ・スキーマ
                  △
              スキーマ化
         … イメージ1 イメージ2 イメージ3 …
                △
              イメージ形成
             具体的経験領域
```

（左：意味的基盤／経験的基盤　右：外界の秩序付け・事態の把握）

この表について説明する。まず、日常の具体的な経験を通して、具体的な「イメージ」が形成される。それらイメージが抽象化・構造化され、「イメージ・スキーマ」が得られる。これは、具体的な経験を基盤としている。そして、イメージ・スキーマに基づいて「概念」が形成され、これらの概念がスキーマ化され、「イベント・スキーマ」が得られる。従って、このイベント・スキーマはイメージ・スキーマを基盤としたものである。このような流れは、具体的な経験から抽象的なイベント・スキーマへというボトムアップ的

なものであるが、一度、イベント・スキーマが得られれば、それを拠り所にして、様々な外界の秩序付けや事態の把握などにこのイベント・スキーマがトップダウン的に働くものと考えられる。

　このような見方は、山梨(1995)、松本(2003)、杉本(1998)でも示されている。

　山梨(1995)は、「日常言語の意味は、外部世界に客観的に存在しているのではなく、われわれの具体的な経験的基盤を介して理解され動機付けられている。さらに、言葉の意味の一部は、この経験的な基盤を背景として形成される様々なイメージ・スキーマによって特徴付けられている」と述べている(山梨 1995:97)。

　また、松本(2003)でも、概念構造がイメージ・スキーマに基づいて形成され、その概念構造の一部が言語表現の意味に反映されているとし、この意味で、日常言語の意味の拡張現象をイメージ・スキーマとの関連で分析していくことは非常に重要であると指摘している。

　さらに、杉本(1998)では、イメージ・スキーマの重要性についての興味深い考えが示されている。杉本(1998)は、意味の習得に関わるわれわれの概念形成において、イメージ・スキーマは「より根元的でより一次的でより優先度が高い」と指摘している。そして、イメージ・スキーマが意味の習得や広範囲の概念形成おいて重要な役割を果たしている理由として、以下のような見解を示している。

(20)　イメージ・スキーマとはわれわれ人間が、われわれ人間独特の肉体と脳を持って日々の生命維持活動を支障なく続ける上で欠くことのできない情報であり、現実世界という空間で生物として機能していくために第一に習得していかなければならない情報と考えられる。
〈中略〉
従って、空間情報や物体の力学的情報に関する知識、即ちイメージ・スキーマの習得は個体や種の保存にとってまず第一に達成されなければならない目標となろう。われわれの人間としての諸々の活動はその

ような生命維持活動に本質的に関わる情報を知識化してはじめて可能となるものである。従って、われわれはイメージ・スキーマに関する知識が習得できるような生得的能力を持っていると考えられ、誕生以前かも知れない早い時期から、日常の経験より得られる感覚的・肉体的情報を用いて自分たちにとって有意味な情報をイメージ・スキーマとして知識化していっているのではないかと考えられる。つまりイメージ・スキーマはわれわれが習得する最初の概念領域に属するものである可能性が高いと考えられる。

(杉本 1998:80–81)

さらに、杉本(1998)は、脳と肉体と経験が作り出すイメージ・スキーマは、われわれが築く複雑な概念体系の重要な基盤部分を構成している、と述べている。

このように、イメージ・スキーマは概念形成や事態把握に大いに関係していると考えられる。

一方、イメージ・スキーマ自体は、言語表現の中に直接現れているわけではないということも指摘されている。例えば、山梨(1995)では、「イメージ・スキーマそれ自体は、言葉の形式と概念構造の形成に先行する認知図式の一種であり、言語現象それ自体の中にこの種の図式が直接的に認められるわけではない」と述べている(山梨 1995:96)[5]。確かに、〈上・下〉、〈前・後〉、〈中心・周辺〉、〈部分・全体〉、〈遠・近〉のように、2つの物事(ないし概念)が対立するような空間・位置関係の把握に関わるイメージ・スキーマは、それ自体は特定の事態と関わるわけではない。これらは、(対称的な)2つの物事の関係を相対的に関係づけるものである。従って、これらは、山梨が指摘するように、言語表現、特に、文をかたちづくる命題的・項構造的な言語形式に直接は反映されていない。このように、イメージ・スキーマには"モノ"的なものがある一方で、"コト"的なもの、即ち、命題的なイメージ・スキーマもある。上で見た〈容器〉〈起点–経路–着点〉〈リンク〉〈ベクトル〉がそれである。これらは、2つの物事の相対的な位置づけの把握に

関わるものではない。例えば、〈起点−経路−着点〉のイメージ・スキーマは「あるものが起点(元の領域)から、ある経路(通り道)を通って、着点(別の領域)へと位置を変える」という"コト"的、つまり、命題的なものである。また、〈容器〉のイメージ・スキーマは動的なものではないが、静的(状態的)な命題に関わるイメージ・スキーマである。〈容器〉のイメージ・スキーマは、「あるものがある領域の中にある」という静的・状態的な"コト"と関わる。

　このように、イメージ・スキーマは全てが命題的な事態に関わるわけではないが、少なくとも、上で検討した4つのイメージ・スキーマは命題的な事態の直接的な意味基盤として働いていると言えよう。

　次章で提案する本書の「構文」は、あるイメージ・スキーマが関わる様々な言語表現の一部をスキーマ化したものである。イメージ・スキーマにより動機付けられた言語表現には様々なものがあるが、その中の一部が切り取られ、特定の事態としてスキーマ化されて構文という安定した言語形式となる。つまり、特定のイメージ・スキーマが特定の構文と1対1で対応しているわけではないが、特定の構文から見れば、その意味の根源には特定のイメージ・スキーマが意味的な基盤となっていると考えられる。

　このような考えに立つと、構文の意味拡張やネットワークにも新しい見方ができるようになる。Goldberg(1995)は、構文文法では、辞書(lexicon)と統語の間に厳密な区別を想定せず、また、語彙的構文と統語的構文は、内部構造の複雑さや音韻形式が特定される程度差において異なるものの、本質的にはどちらも、形式と意味からなるペアであるという点で等しいと述べている(Goldberg 1995:7)。つまり、構文的な知識と語彙的な知識は連続的であるということになる。

　このような従来の文法観とは異なる考え方は、文法の研究に大きな変化を与える。それは、構文の分析にも語彙の分析で蓄積されてきた豊かな方法論が適用可能になるからである。この点に関して大堀(2002)は以下のように述べている[6]。

(21) 構文を語彙と共通の見方で考えると、語彙構造を分析するための道具立てが構文を論じる上でもあてはまることになる。即ち、カテゴリー化についての原理—プロトタイプ、基本レベル、スキーマ化—が構文についてもあてはまるわけである。とりわけ、プロトタイプ理論の成果によって、構文についても意味と形式の両面に渡り、典型とそこからのバリエーションを分析する方法が確立されたという点は重要である。

さらに、これまでカテゴリー拡張についてとられてきた分析装置—メタファー、一般化、プロファイル移行—は構文の拡張にもあてはまる。

(大堀 2002:144–145)

語彙のカテゴリーに見られる「中心的／周辺的」という考え方を、よく例に出される、「鳥」のカテゴリーで見てみよう[7]。鳥のカテゴリーは、スズメ、ハト、カラス、ペリカン、ダチョウ、ペンギンなどの成員が挙げられるが、これらは皆同等のものではない。カテゴリーを代表する典型的で中心的な成員は、スズメ、ハト、カラスなどであり、くちばしが特異なペリカン、大型で飛べないダチョウ、同じく飛べない上に翼が退化したペンギンなどは"鳥らしくない"周辺的な成員と言えよう。このように鳥のカテゴリーにはプロトタイプである中心から周辺へと、成員らしさ、カテゴリーへの帰属性が薄れていくというプロトタイプ効果が認められる。

図2　鳥のカテゴリー

　語彙のカテゴリーにおいては、典型的な事例であるプロトタイプを中心に意味的に拡張していくという考えは一般に受け入れられているものであると思われる。構文文法では、このようなカテゴリーを形成する成員の「中心的／周辺的」という考えは、構文にも適用されると考え、複数の構文間のプロトタイプ効果を認めている。このような考えを基に、Goldberg(1995)では、構文はそれぞれバラバラに存在しているのではなく、ネットワークを形成していると考え、それらの関係を「継承リンク(inheritance link)」により捉えている。しかし、この継承リンクは、意味論的な道具立てを十分に使いこな

していない。

　本書では、構文のネットワークを継承リンクにより捉えるのではなく、構文の意味を動機付けているイメージ・スキーマの拡張によって捉えられることを示す。本書は構文の意味にイメージ・スキーマが関わっていると見るため、構文の拡張についてより多くの道具立てを持っている。既に、イメージ・スキーマに関する説明の中で、山梨（1995, 2000）の先行研究を挙げ、イメージ・スキーマの背景化やトポロジー的継承、そしてメタファー写像について見てきた。さらに、次章では、プロファイルシフトによるイメージ・スキーマ変換についても触れ、これらの道具立てによって、4つの基本事態に関わる構文と3つの複合的事態に関わる構文により、非常に多くの言語現象が説明できることを示す。

　以上、本章では、「イメージ・スキーマ」を、構文の意味である「イベント・スキーマ」を動機付けるものであると捉え、両者の関係について論じた。次章では、「イベント・スキーマ」に「格パターン」が融合した日本語の構文について述べていく。

注

1　ただし、ここでは、動詞「かかる」の包括的な"多義"について議論しているわけではなく、池上（1995）の挙げた①〜⑥の例に限ったものである。

2　山梨（2000）は、イメージ・スキーマが関わる意味の拡張には、少なくとも2つの認知プロセス、即ち、①具象的なイメージ・スキーマのレベルから比喩的な写像を介して抽象的なレベルに変換していくプロセスと、②イメージ・スキーマ自体の背景化のプロセスの2つが関わっていると述べている（山梨 2000:143）。

3　山梨（2000）は、「起点−経路−到達点のスキーマを背景とする言語表現の中には、起点と到達点に容器としての空間的な広がりを前提とする表現が広範に見られる」と述べている。

4　なお、この表は、山梨（2000）を参考にしているが、山梨（2000）では、概念のレベルまでを表したものであり、また、それぞれのレベルの関係も異なっている（山梨 2000:157）。

5 Johnson(1987)でも同様の指摘がある。「イメージ・スキーマ(とその変形)は認知操作の独特な水準をなす。これは、具体的で豊かなイメージ(心的画像)と抽象的で有限項的な命題表象のどちらとも違う。(菅野・中村訳 2001:97–98)」「イメージ・スキーマとは記号と客観的実在の間の抽象的な関係を特定化する〈客観主義的〉命題ではない。(菅野・中村訳 2001:99)」

6 さらに大堀(2002)は、「これまでの文法理論で、意味と形式の統合体としての構文が分析に大幅に導入されなかったのは、1つには意味を論じるための理論的装置が不十分であったことによる」と指摘している。そして、抽象度の高い文法構造について「意味」を考えることは、簡単なことではないが、認知言語学ではそのような構文についてもスキーマ化された意味が想定され、そのための分析概念も整えられていると述べている(大堀 2002:145)。

7 ここで言う「鳥」は、語彙としてのものではなく、カテゴリーとしてのものである。なお、語彙としての「鳥」に関して、本田(2003)は、「鳥」という語に複数の意味があってそれぞれが「スズメ」「ツバメ」「カラス」「ニワトリ」「ダチョウ」「ペンギン」などに該当するというわけではなく、語の意味は1つであると述べている。本多(2003)では、この他にも、「かく」と「掻く」「書く」の歴史的な変化を例に「漠然性」「曖昧性」「多義性」「同音性」に関する興味深い指摘もなされている。

第6章　日本語の構文：イメージ・スキーマと格パターンの統合体

本章では、イメージ・スキーマを基盤とする格パターン構文について述べる。まず、本書で提案する構文のリストを示す。

表1　基本的事態に関わる構文

構文	形式	意味	
構文名	格パターン	イベント・スキーマ	基盤となるイメージ・スキーマ
存在	［_ニ_ガ］	《状態》	〈容器〉
変化	［_ガ_カラ_ニ］	《変化》	〈起点−経路−着点〉
双方向的作用	［_ガ_ニ］	《関係》	〈リンク〉
一方向的作用	［_ガ_ヲ］	《作用》	〈ベクトル〉

表2　複合的事態に関わる構文

構文	形式	意味	
構文名	格パターン	イベント・スキーマ	基盤となるイメージ・スキーマ
移送	［_ガ_ヲ_カラ_ニ］	《作用》《変化》	〈ベクトル〉〈起点−経路−着点〉
使役	［_ガ_ヲ］	《作用》《変化》	〈ベクトル〉〈起点−経路−着点〉
授受	［_ガ_ニ_ヲ］	《関係》《作用》《変化》	〈リンク〉〈ベクトル〉〈起点−経路−着点〉

以下の議論に先立ち、本書の構文の表示について触れておきたい。本書の構文は「イメージ・スキーマ」的な図式に直接「格パターン」を付けて表す。ここではまずそれらの図式について簡単に説明しておく。

例えば、「太郎が廊下から外に出た。」は図式1のように、「太郎が会議に出た。」は図式2のように表される。

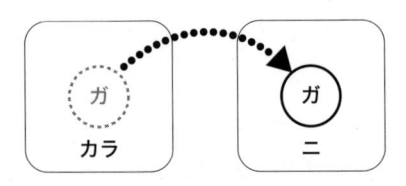

図式1 「太郎が部屋から廊下に出た」

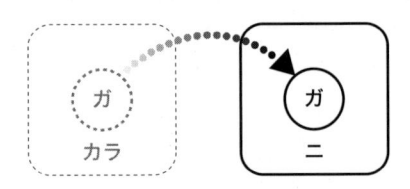

図式2 「太郎が会議に出た」

「太郎が部屋から廊下に出た」という文は、移動する〈主体〉の「太郎」が元いた場所である〈起点〉の「部屋」から、移動の〈着点〉である廊下に移動したという意味を表している(基本的に、○は人間を含めた事物を示し、□は場所や状態を示す)。従って、この文では、〈主体〉のガ格と〈起点〉のカラ格と〈着点〉のニ格という3つの格要素がプロファイルされている。これらは、構文の図式では、実線で表される。ただし、この図式には時間的な経緯も表されるため、「太郎」が元いた場所にグレーの破線でガ格が残されている。この文では、〈起点〉から〈着点〉へという移動全体が言語化されているが、「太郎が会議に出た」という文では、ニ格の〈着点〉のみが表されている。このような場合、カラ格で示される〈起点〉はプロファイルされないので、図式2のように、破線で示され、「カラ」という文字はグレーで

示される。また、移動の〈経路〉にあたる、点線の矢印は、プロファイルされていない〈起点〉側が薄い色で、プロファイルされている〈着点〉側が濃い色で示されている。

　以下、必要に応じて補足していくが、基本的には、プロファイルされた格要素は実線で、プロファイルされていない格要素は、破線で示す。また、同じく実線で表されているものでも、太線のものは、必須の要素、細線のものは任意の要素として区別される。

　［＿ガ＿ヲV］という格パターンを持つ【一方向的作用】構文や［＿ガ＿ニV］という格パターンを持つ【双方向的作用】構文では、矢印の色の濃さに意味があり、薄い色の方が起点的で、黒く濃い方が着点的なものとなる。例えば、【一方向的作用】構文の「太郎がドアを叩いた」という文では、行為の〈主体〉のガ格から〈対象〉のヲ格に一方向的に行為が向けられており、力・エネルギーの出所であるガ格が薄い色で、その対象であるヲ格が濃い黒色で示される。また、【一方向的作用】構文では、ヲ格に何らかの変化が認められる場合があるので、○ではなく、ギザギザの○で示される。

図式３　「太郎がドアを叩いた」

　もう１つ、これらの図式における「イメージ・スキーマ」と「格パターン」の関係についても触れておきたい。「格パターン」は、ガ格、ヲ格、ニ格、カラ格の４つの格助詞の組み合わせからなるものである。これらの格助詞は以下のような一般的なルールにより、構文のイメージ・スキーマ的な図式に貼り付けられる。

表3 格助詞の一般的ルール

ガ格	イメージ・スキーマにおいて第一にプロファイルされるものを示す ・〈容器〉のイメージ・スキーマ：容器の中にあるもの（存在物） ・〈起点−経路−着点〉のイメージ・スキーマ：変化の主体 ・〈リンク〉のイメージ・スキーマ：繋がっている2つのもののうち、相対的により働きかけの際立っている方 ・〈ベクトル〉のイメージ・スキーマ：エネルギーや光、音、熱などを放出している方
ヲ格	・〈ベクトル〉のイメージ・スキーマ：ベクトルの向かう先にあるものを示す ・〈起点−経路−着点〉のイメージ・スキーマ：主体の位置・状態変化の過程、即ち、〈経路〉にあたるものを示す
ニ格	・〈起点−経路−着点〉のイメージ・スキーマ：主体の位置・状態変化の〈着点〉にあたるものを示す ・〈容器〉のイメージ・スキーマ：主体が存在する〈容器〉にあたる〈場所〉や〈状態〉を示す ・〈リンク〉のイメージ・スキーマ：問題となる2者の関係で第2にプロファイルされるもの、即ち、相対的に受動的な方を示す
カラ格	・〈起点−経路−着点〉のイメージ・スキーマ：主体の位置・状態変化の〈起点〉にあたるものを示す

以上が構文の図式に関する格助詞の一般的なルールについての説明である。以下では、6.1で4つの基本的構文、6.2で3つの複合的構文について述べていく。

6.1 基本的構文

本書で言う基本的構文というのは、外界の基本的事態を表すものであり、【存在】、【変化】、【一方向的作用】、【双方向的作用】の4つの構文を指す。これらの構文が表す4つの基本的事態は、本書で言う「イベント・スキーマ」を認知的な基盤とするものである。

　ここで明らかにしておきたいのは、これらの基本的構文は、その構文が関わる事態のカテゴリーでの基本レベルに属するということである。基本レベルよりも上位のレベルにはイベント・スキーマが関わり、さらに上位のカテ

ゴリーにはイメージ・スキーマが関わっている(表4参照)。

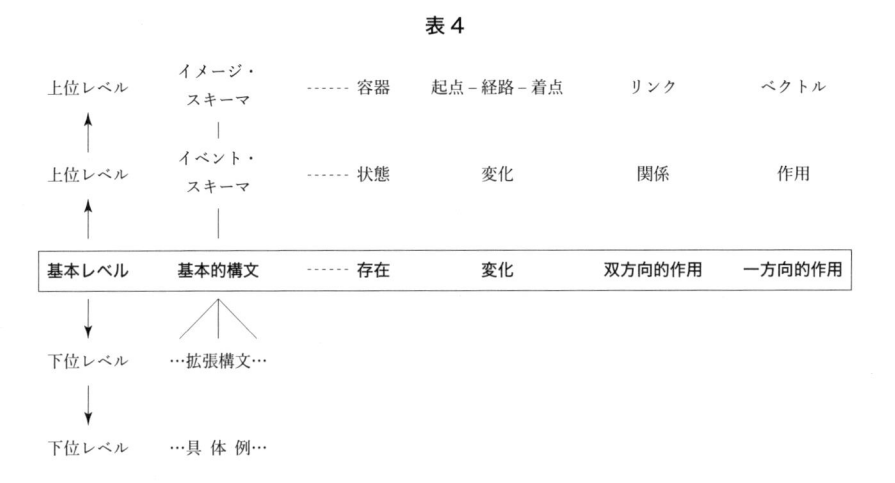

表4

レベル	スキーマ／構文		容器／状態／存在	起点–経路–着点／変化	リンク／関係	ベクトル／作用
上位レベル	イメージ・スキーマ		…… 容器	起点–経路–着点	リンク	ベクトル
上位レベル	イベント・スキーマ		…… 状態	変化	関係	作用
基本レベル	基本的構文		…… 存在	変化	双方向的作用	一方向的作用
下位レベル	…拡張構文…					
下位レベル	…具体例…					

　また、4.2で述べたイベント・スキーマ、即ち、《状態》、《変化》、《関係》、《作用》のうち、《変化》を除く3つの名称をそのまま構文の名称に用いていないのは、これらのイベント・スキーマは、ここでとりあげる構文以外にも関わっているからである。例えば、《状態》というイベント・スキーマは、ここでの【存在】構文だけに関わっているわけではなく、形容詞文(「ダイヤモンドはかたい」)や名詞文(「太郎は会社員だ」)などの「属性」を表す構文の認知的な基盤ともなっているからである。また、〈リンク〉のイメージ・スキーマを基盤とする《関係》というイベント・スキーマも、ここでとりあげる【双方向的作用】構文だけではなく、形容詞文の「AがB｛に／と｝等しい」といった表現や、動詞文でも「AがB｛に／と｝繋がる」のような表現に関わっていると思われる。

　さらに、このような基本構文は、スキーマ的な色彩の強いものであるということも指摘しておきたい。従って、それぞれにプロトタイプ的な事例と拡張事例が認められる。例えば、【存在】構文は、中心的な意味は「存在」であるが、これが「所有」、「能力」へと拡張していく。また、【変化】構文は、「位置変化」から「状態変化」に比喩的に拡張するだけでなく、「起点的変化

([_ ガ _ カラ V])」、「着点的変化([_ ガ _ ニ V])」「経路的変化([_ ガ _ ヲ V])」というように、〈起点‒経路‒着点〉のそれぞれの部分がプロファイルされることで意味の違いが生じ、それが格パターンにも現れる。

　以下、本書で提案する基本構文を順に見ていく。

6.1.1【存在】構文：[_ ニ _ ガ V]

【存在】構文は、以下のようにまとめられる。

【存在】構文		
格パターン	イベント・スキーマ	イメージ・スキーマ
[_ ニ _ ガ V]	《状態》	〈容器〉

この【存在】という名称は、この構文のカテゴリーの代表的なもので、具体的には、(1)の「存在」、(2)の「所有」、(3)の「能力」という3つの解釈が認められる。

(1)a.　机の上に本がある。
　　b.　上野動物園にパンダがいる。
(2)a.　田中先生にお子さんが3人いらっしゃる。
　　b.　中国に豊かな資源がある。
(3)a.　太郎にアラビア語がわかる。
　　b.　太郎にこの問題が解ける。

　まず、格パターンについて考えてみよう。4.1.2 の「格パターンの類型」でも述べたが、【存在】構文の [_ ニ _ ガ V] という格パターンのニ格とガ格の順序には意味がある。このニ格→ガ格という順序は、注意・意識を向ける(心的接触(mental contact))の順序と等しい。ニ格が参照点(reference point)としての働きを担い、ガ格で示される「標点(target)」を探す際の目印となっている。つまり、注意・意識を向ける順序が線条的に [_ ニ _ ガ

V］という格パターンに反映されているのである。これに対して、次に見る6.1.2の【変化】構文の拡張例である【着点的変化】構文は、［＿ガ＿ニV］という格パターンで表される。これは、ガ格の変化主体が言語化されないカラ格の起点領域からプロファイルされているニ格の着点領域に移動する時間的な経緯が表されているからであり、この格助詞の順序にも意味がある。

　さて、次に、構文文法の意味的な側面について見ていく。まず、このカテゴリーの中心となる【存在】構文の図式を示す。

図式4　【存在】構文（存在）

　この図式は、〈容器〉のイメージ・スキーマが根源的な意味となっている。つまり、ニ格で示された"容器"の中にガ格で示されたモノが入っていると言うことである。"容器"にモノが入っているということは、そこに存在するということになる。当然のことながら、このニ格の"容器"は「イメージ」であるため、実際に閉じたものである必要はない。(1a)のように、「机の上」も"容器"として柔軟に解釈できる。また、(4)のように、"容器"の中にない(外にある)モノは存在しないモノとして理解される(「格パターン」というのはあくまで構文の構造レベルのものであり、実際の文では、「は」「も」「さえ」などの「取り立て助詞(副助詞)」の付加により表面的に現れない場合もある。特に、(4)のような否定辞を伴う文では否定のスコープ(フォーカス)が「は」で示されるため、ガ格は表面上は現れない。)。

(4) a.　この会社に山田太郎という人はいません。
　　b.　(この世に)お金がいらないなんて思ってる人なんていないよ。
　　c.　当たりが出た！！

(4b)は、「お金がいらないなんて思ってる人なんていないよ。」のようにニ格の"容器"が言語化されないことも多く、また、(4c)のように想定しにくい場合もある。このような理由から、【存在】構文のニ格の領域を示す実線は、太線ではなく、細線で示してある。これは、同じ実線でも、太線はプロファイルされるもの、細線は任意にプロファイルされるものという違いを表すためである（ちなみに、破線は背景化されたものを表す）。

　ニ格の領域がプロファイルされ（つまり太線で示され）、かつ、その領域がメトニミー（metonymy）的に人間や組織と隣接性を持っていれば、「所有」という意味に拡張する。

図式5　【存在】構文(所有)
※ニ格がメトニミー的に人間・組織と隣接性を持つ

この場合、ニ格がプロファイルされなければならないのは、所有という概念が所有者なしでは、つまり、モノだけでは成り立たないからである。

　さらに、「能力」の意味を持つ文（「太郎にアラビア語がわかる」）では、ニ格がプロファイルされなければならないことに加え、ガ格で示されるモノ（能力）がニ格の領域に溶け込むというようなイメージを持つ（図式6参照）。これは、一度身に付いた能力はすぐには消えないということの表れである。

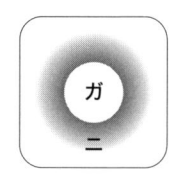

図式 6 【存在】構文（能力）
※ガ格がニ格に溶け込む（分離が難しい）

ただし、「所有」の解釈と「能力」の解釈は峻別し難い例もある。

（5） 花子には人を見る目がある。

まず【存在】という事態には、「位置」と「存在物」が必要である。そして「位置」の意味拡張によって、「所有者」と「経験者」という解釈を捉えることができる。しかし、「所有者」と「経験者」という区別は最初からあるわけではなく、両者有生（ないしはメトニミー的に有生に隣接するもの）であるという点で共通するだけであり、ガ格で表されるものが具体的な所有物か抽象的な能力かによって、区別されるのである。従って、ガ格で示されるものが、所有物か能力か峻別し難い（5）のような場合は、ニ格も所有者か経験者（能力の持ち主）かに同様の曖昧さが生じる。（5）では、「人を見る目」が所有物なのか能力なのか明確ではないので、「花子」も「所有者」か「経験者」かという線引きは難しいということである。

以上、【存在】構文とその拡張例として、「所有」と「能力」について見てきた。これらの例からわかるように、図式による構文の表示は、柔軟に意味の拡張を説明できるのである。

6.1.2 【変化】構文：[_ ガ _ カラ _ ニ V]

【変化】構文は、[_ ガ _ カラ _ ニ V]という格パターンを持ち、《変化》という事態に関わる構文的意味を持つ。この《変化》という事態は、〈起点 – 経路 – 着点〉のイメージ・スキーマを意味的な基盤としている。

【変化】構文		
格パターン	イベント・スキーマ	イメージ・スキーマ
[_ ガ _ カラ _ ニ V]	《変化》	〈起点 – 経路 – 着点〉

【変化】構文に種々の動詞が融合した具体例としては、以下のようなものがある。

(6) a. 地震に驚いた子供たちが校舎から外に出た。
 b. 開門を待っていた観客が沿道から会場に入った。
(7) a. 古畑警部は署から現場に直行した。
 b. 花子は外出先から母のいる病院に立ち寄った。
 c. 震災の被害者が避難所から自宅に戻った。
(8) a. 水滴が蛇口からポタポタと流しに滴る音が聞こえた。
 b. 熱くなったフーリガンが客席からスタンドになだれ込んだ。
(9) a. イチローは2塁から3塁に盗塁した。
 b. ライオンは手前の台から遠く離れた台にさっとジャンプした。

　これらは、《変化》という事態の中でも、特に《位置変化》(ないしは《移動》)という具体的・物理的なものを表している。いずれも、〈主体〉の位置が、〈起点〉から〈着点〉に変化するという意味を共有している。つまり、この事態の意味基盤となる〈起点 – 経路 – 着点〉のイメージ・スキーマが動機付けとなり、それが形式的には [_ ガ _ カラ _ ニ V] という格パターンで表されているのである。
　しかし、当然、個々の文の意味合いは異なる。それは、用いられている動詞が異なるからである。つまり、これら [_ ガ _ カラ _ ニ V] という格パターンを持つ文に共通する《位置変化》という構文的意味が、動詞により細かく指定されているのである。(7a)の「直行する」との融合では移動の速さ、(7b)の「立ち寄る」は移動の目的に「ついでに」という意味合いが付加されている。また、(8a)の「滴る」との融合では〈主体〉の属性(液体でな

ければならないということ）が指定され、（9b）の「ジャンプする」との融合では、位置変化する際の様態がそれぞれ細かく指定される。

このように、個々の文には違いはあるが、これらは以下の図式によりまとめることができる。

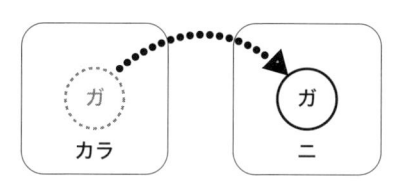

図式7 【変化】構文

この図式は、（6）〜（9）のような具体的な例だけではなく、（10）のような抽象的な変化、即ち、状態変化にも柔軟に対応する。

(10) a. 5秒後に現在のサイトから新しいサイトにジャンプします。
　　 b. 中田選手がAチームからBチームに移籍した。
　　 c. 太郎が3年生から4年生に進級した。
　　 d. 季節が冬から春になった。
　　 e. 代表が田中氏から鈴木氏に代わった。

具象から抽象への拡張は、6.1.1の【存在】構文でも述べたように、イメージ・スキーマに基づく図式によって簡単に説明できる。つまり、〈起点－経路－着点〉のイメージ・スキーマのカラ格で示される起点領域と二格で示される着点領域が具体的な場所であれば、「位置変化（移動）」の解釈がなされ、抽象的な状態であれば、「状態変化」として解釈されるのである。従って、ここでの【変化】構文とは、「位置変化」と「状態変化」をわざわざ区別することはしない。構文の意味としては、単に「カラ格から二格にガ格が変化する」ということを指定しておくだけで良いのである。

◆【変化】構文の拡張

さて、ここまで例示してきた【変化】構文は、ガ格、カラ格、ニ格の3つが言語化されているものであった。しかし、この構文は、〈起点 – 経路 – 着点〉のイメージ・スキーマを意味的な基盤としているため、〈起点〉と〈経路〉と〈着点〉のいずれか1つしかプロファイルされない場合もある。このように、イメージ・スキーマの特定の部分に焦点が移ることで、イメージ・スキーマ自体の意味が変化することは「プロファイル・シフト」と呼ばれる。

【変化】構文は、このプロファイル・シフトにより、【起点的 – 変化】構文、【経路的 – 変化】構文、【着点的 – 変化】構文へと拡張し、それに伴い格パターンもそれぞれ、［ ＿ ガ ＿ カラ V］、［ ＿ ガ ＿ ヲ V］、［ ＿ ガ ＿ ニ V］というように変化する。つまり、起点領域がプロファイルされればカラ格が、着点領域がプロファイルされればニ格が言語化する。そして、変化の過程は〈経路〉と認識され、これがプロファイルされればヲ格が言語化する。また、移動主体は常にプロファイルされ、これはガ格で示される。従って、【起点的 – 変化】構文は、(11)のように〈起点〉のみが、【着点的 – 変化】構文は、(12)のように〈着点〉のみがプロファイルされている。そして、【経路的 – 変化】構文は、(13)のように〈経路〉のみがプロファイルされ、［ ＿ ガ ＿ ヲ V］という格パターンで現れる。

(11) a. 優勝者が我が校から出た。
　　 b. タバコの広告が街頭から消えた。
(12) a. 太郎が会議に出る。
　　 b. 疲れが目尻に出ている。
(13) a. 花子が廊下を歩く。
　　 b. 太郎が橋を渡る。

このプロファイル・シフトにおいて重要な点は、【変化】構文から拡張した3つの構文は同じ形式（つまり同じ格パターン）を持っていないということである。Goldberg(1995)の構文モデルでは、構文の拡張には意味の関連

性に加え、形式面での継承が必要とされる。しかし、この【変化】構文の拡張では、［ _ ガ _ カラ V］、［ _ ガ _ ヲ V］、［ _ ガ _ ニ V］というように格パターンの変化が起こっている。［ _ ガ _ カラ］の【起点的‒変化】構文と［ _ ガ _ ニ］の【着点的‒変化】構文は、Goldberg(1995)の言う「部分リンク (Subpart link)」でも説明することができるが、形式面での継承がない［ _ ガ _ ヲ］の【経路的‒変化】構文は彼女のモデルでは説明できないのである。しかし、本構文モデルでは、構文の意味的な基盤をイメージ・スキーマとしているため、【変化】構文を基に〈起点‒経路‒着点〉のイメージ・スキーマのそれぞれの領域がプロファイルされると考えることで、3つの構文の拡張を体系的に説明することができる。

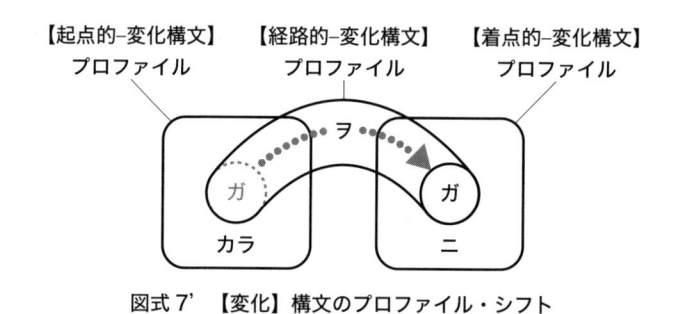

図式7' 【変化】構文のプロファイル・シフト

このプロファイル・シフトにより、【変化】構文は次ページの図1のように拡張していく。このような説明は、特定の動詞の意味や文の表面的な形式を越え、純粋に構文そのものを考察することにより生じる考え方である。動詞の意味のみを見ていた"動詞の多義"という従来の考え方では、位置変化という構文的意味に経路的な位置変化を関連付けることができなかった。また、これは、Goldberg(1995)的な枠組みを用いた伊藤(2003)のような考え方でも、同様である。構文の意味が動詞の意味に影響を受けすぎてしまい、言い換えると、動詞「出る」の"多義"が足かせとなり、動詞の意味から独立した構文そのものの意味を見落としているのである。

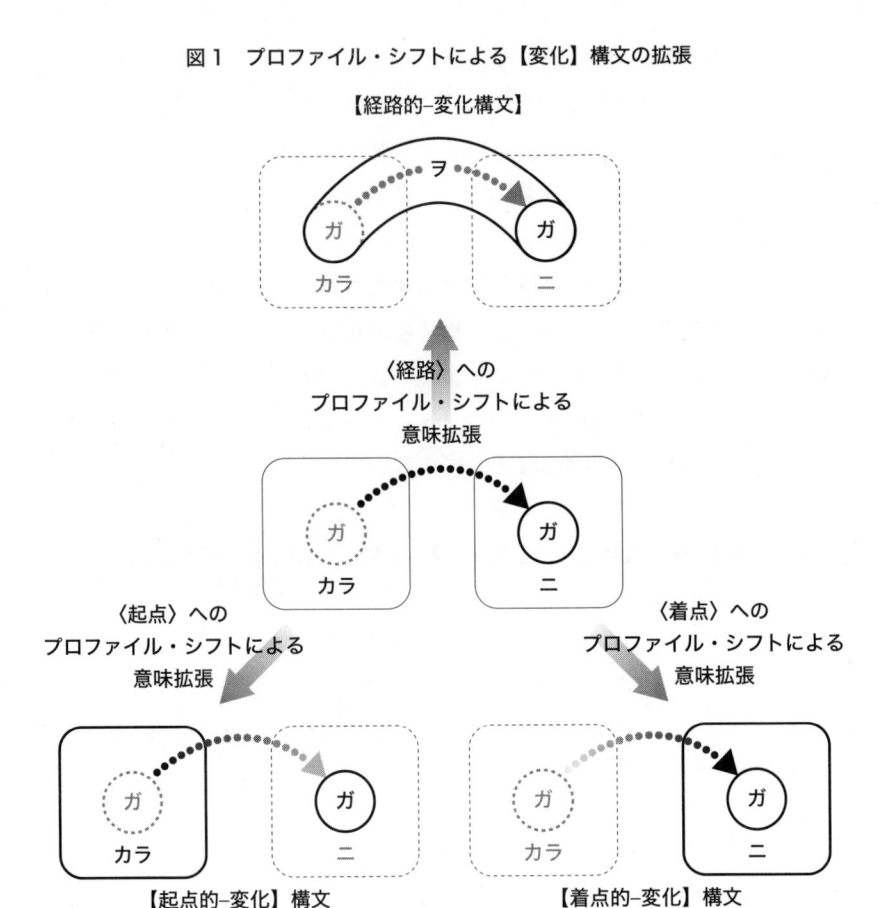

図1　プロファイル・シフトによる【変化】構文の拡張

【経路的−変化構文】

〈経路〉への
プロファイル・シフトによる
意味拡張

〈起点〉への
プロファイル・シフトによる
意味拡張

〈着点〉への
プロファイル・シフトによる
意味拡張

【起点的−変化】構文

【着点的−変化】構文

　以下では、【起点的−変化】、【経路的−変化】、【着点的−変化】という3つの構文について順に見ていく。

6.1.2.1　【起点的−変化】構文：[_ ガ _ カラ V]
　まず、【起点的−変化】構文の図式を以下に示す。

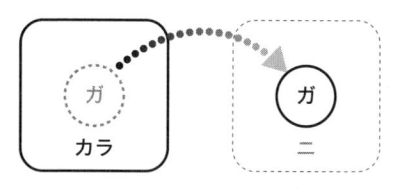

図式8 【起点的 – 変化】構文

これは、〈起点 – 経路 – 着点〉のうち、〈起点〉のみがプロファイルされている。従って、言語化されるのもガ格とカラ格のみで、［ _ ガ _ カラ V ］という格パターンとなる。

このような図式を持つ【起点的 – 変化】構文には、「出発」「発生」「消失」「分離」等の解釈が認められる。それぞれの構文の文例は以下の通りである。

(14)a. ベルを鳴らすと係の人が奥の部屋から出てきた。
　　　　　　　　　　　　　　　　　　　　→「起点的 – 位置変化」
　　b. まもなく、4番線から特急電車が出ます。→「出発」
　　c. 母校から優勝者が出た。→「発生」
　　d. タバコの広告が街頭から消えた。→「消失」
　　e. タイヤが車軸から外れ、事故が起きた。→「分離」

これらは全て、着点が想起されない「起点からの変化」という共通するスキーマ的な意味を持っている。換言すれば、このようなスキーマ的な意味を共有するからこそ、形式的にも［ _ ガ _ カラ V ］という格パターンを共有するのである。

以下、それぞれの解釈がどのような特徴を持つのかについて順に見ていく。

◆「出発」の解釈を持つもの
【起点的 – 変化】構文のうち、特に「出発」の意味合いが強い文では、(15b, c)のように〈着点〉が文中に現れることは許されない。

(15) a. 東京行きの電車は3番ホームから出ます。
　　 b. *東京行きの電車は3番ホームから東京に出ます。
　　 c. *東京行きの電車は3番ホームから次の駅に出ます。

「出発」の意味を持つ文のガ格名詞句は、〈動作主〉、即ち、人間を典型例とする有生物か、乗り物に限られる。乗り物を〈動作主〉に含めるのは、例えば「車」のような乗り物はそれ自体は意志を持たない無生物であるが、それが動く際には、必ず人間の意志による運転(操縦)が伴うからである。同じ「車」でもその捉え方により解釈が変わる。例えば、(16)では、「車」が単にモノ(物体・商品)として認識されるため、無生物の存在を表す「ある」が使われ、有生物の存在を表す「いる」は使えない。

(16) a. その中古車センターには安くてコンディションの良い車がある。
　　 b. *その中古車センターには安くてコンディションの良い車がいる。

しかし、同じ「車」でも、人間が運転して動く乗り物と認識されれば、「いる」が問題なく使える。

(17) a. 車庫の前の道にタクシーがいて出られない。
　　 b. この通りはなかなかタクシーがいないから歩いていくしかないね。

このように、乗り物は、人間の意志的な運転(操縦)なくしては動かず、また、無生物として扱われる場合は共起関係が異なるため、ここでは〈動作主〉とする。
　以上のように、「出発」は、〈着点〉をとらないことと、〈動作主〉しかとらないというより細かな制約が認められる。

◆「発生」の解釈を持つもの
次に、「発生」を検討する。これは、「出現」と類似しているように思われる

かも知れないが、両者には根本的な違いがある。
　「**出現**」と「**発生**」は語義としても似たものであり、例えば、(18)(19)のような文中に〈移動主体〉のみが現れ、〈着点〉が現れないような例では、両者を区別する必要はないように見えるかも知れない。

(18)　　ゴジラが φ 出た。　→出現
(19)　　火が φ 出た。　　　→発生

しかし、両者には大きな隔たりがある。それは、「**出現**」は〈着点〉を重視するのに対し、「**発生**」は〈起点〉を重視するということである。これは、(18'a)(19'a)のように〈移動主体〉しか現れない場合は気が付きにくいが、(18'b, c)(19'b, c)のように〈着点〉、〈起点〉が現れる場合には明確な差異が認められる。

(18')a.　　ゴジラが φ 出た。　→出現
　　 b.　　ゴジラがニューヨークに出た。
　　 c.　*/??ゴジラが東京から出た。
(19')a.　　火が φ 出た。　　　→発生
　　 b.　　火が台所から出た。
　　 c.　*/??火が 101 号室に出た。

「**出現**」は〈着点〉と共起し、〈起点〉とは共起しない。反対に、「**発生**」は〈起点〉と共起し、〈着点〉とは共起できない。つまり、「**出現**」は、【着点的－変化】構文からの拡張であるが、「**発生**」は、【起点的－変化】構文からの派生であるという点で両者は根本的に異なると言える。
　もう1つ「**発生**」の特徴として指摘できるのは、ガ格名詞句が'無／ゼロから生成される／生まれる'ということである。つまり、「火が出た」は、「出る」前は「火(＝火事)」はなかったが、「出た」ことによって「火(＝火事)」が発生したのである。(20)を見てみよう。

(20) a. 受賞者が我が校から出たことは非常に喜ばしい。
　　 b. 民間人から多くの犠牲者が出た。
　　 c. 年金改革に対する不満の声が国民から出ている。

「受賞者」「犠牲者」「不満の声」は、いずれも「出る」前は存在しなかったものである。
　このように、**「発生」**は、状態の変化であり、ガ格の要素はその事態が成立することにより生じるもので、起点の中にあった(いた)ものとは異なるものである。この点に注目すれば、起点の中のガ格とその外側のガ格の形を換えて以下のように図示できる。

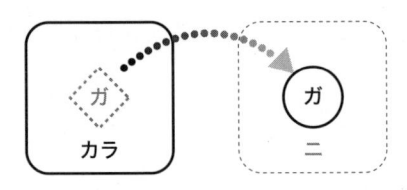

図式9　【起点的‒変化】構文：「発生」

◆「消失」の解釈を持つもの
「消失」という解釈は、【起点的‒変化】構文に「消える、なくなる、消滅する、いなくなる、外れる、抜ける、去る、離れる」などの動詞が融合することで生じる。

(21) a. タバコの広告が街頭から消えた。
　　 b. あのような形でワールドカップの舞台から去ったイタリア代表は気の毒だ。
　　　　　　（homepage1.nifty.com/TUTTO_BAGGIO/diary/diary0206.html）
　　 c. そしてそのリッチな部屋代は我が家の家計から出て行ったのであった・・・・・涙　　　（http://waju7.fc2web.com/wj/disney.html）
　　 d. 最初に、今の家計から出ていっている生活費を減らすことが出来な

いかどうかをお聞きしました。

(http://hoken-sodan.com/kaiwa.html)

(21a)は、「タバコの広告」は確かにあったはずの「街頭」から消えてなくなってしまったことを示しているがそれがどこに消えたかは問題とされていない。また、(21b)は、サッカーのワールドカップでイタリア代表が決勝トーナメント1回戦で敗退したことについての感想である。これも、ワールドカップの決勝トーナメントで敗退し、おそらくイタリアに帰ったのだろうが、それは問題にされない。(18c, d)も、家計からお金がなくなるというだけで、何に使ったかは問題とならない。

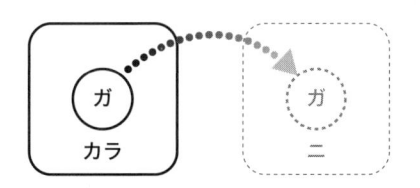

図式10 【起点的－変化】構文：「消失」

「消失」の〈起点〉はガ格名詞句がもともと存在していた場所ないしは範囲を表している。(21a)の例では、「タバコの広告」は確かにあったはずの「街頭」から消えてなくなってしまったことを示している。ただし、どこにあるかはわからない(焦点が当てられていない)ので、破線の○で表される。

これは、図式9と対照的である。**「発生」**も**「消失」**も【起点的－変化】構文であるから、カラ格がプロファイルされていると言う点は共通しているが、**「発生」**では着点側のガ格がプロファイルされているのに対し、**「消失」**では、起点側の中のガ格がプロファイルされているのである。つまり、同じ、構文でありながら、プロファイルの仕方の違いが意味の違いを引き起こしているのである。

◆「分離」の解釈を持つもの

この解釈では、起点と移動主体が一体であるという点が特徴的である。両者は全く同一のものか、あるいは、一体型のある一部分が起点として表されているものから分離するという意味を持つ。

(22) a. タイヤが車軸から外れた。
b. 地震で、絵が額から外れてしまった。
c. なぜ破片がシャトルの胴体から分離したのか、当局が事故原因を調査している。
d. 当社は1995年、A工業株式会社の製造部門から分かれ、Aインダストリアル株式会社として創業いたしました。
e. バッテリー部分がPC本体からとれるので、とても軽い。

「分離」の解釈は【起点的−変化】構文と、「外れる、分離する、取れる、分かれる、はがれる、もげる、落ちる」などの動詞が融合することにより生じる。

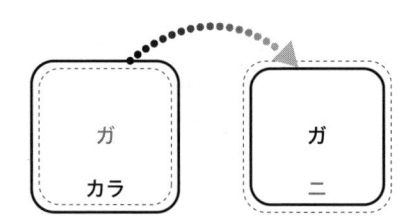

図式11 【起点的−変化】構文:「分離」

「分離」では、起点と移動主体が一体であるという点が特徴的であるため、この図では、起点と移動主体をほぼ同じ大きさで表している。

　以上、【起点的−変化】構文からの拡張的な解釈である、**「出発」「発生」「消失」「分離」**について見てきた。これらの解釈は、ガ格の意味的な特徴やガ

格が起点領域でプロファイルされるか着点領域でプロファイルされるか、そして、起点・着点領域に対して、ガ格がどのような関係にあるのか(同一のものか一体型のある一部分)といった特徴により、生じるものであることを見てきた。

　[_ ガ _ カラ V] という格パターンを共有する【起点的 – 変化】構文の拡張は以下のようにまとめられる(以下の図2参照)。これは、"動詞の多義"という観点からの分析に広く認められる「意味の拡張」と異なる点に注意されたい。従来の語彙レベルの意味拡張では、「発生」と「消失」の関連付けは難題であった。しかし、動詞の意味から独立した構文の意味という観点からは、容易に説明できるのである。

図2　【起点的 – 変化】構文の拡張

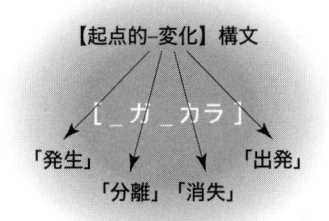

【起点的-変化】構文
[_ ガ _ カラ]
「発生」　「分離」「消失」　「出発」

　次に、【着点的 – 変化】構文の拡張について考える。

6.1.2.2　【着点的 – 変化】構文：[_ ガ _ ニ V]
【着点的 – 変化】構文は、〈起点 – 経路 – 着点〉のうち、〈着点〉のみがプロファイルされている。従って、言語化されるのはガ格とニ格のみで、[_ ガ _ ニ V] という格パターンとなる。

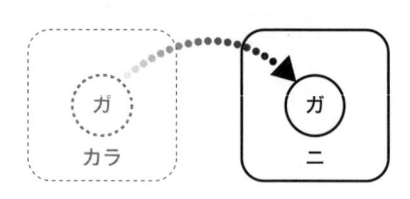

図式12 【着点的−変化】構文

【着点的−変化】構文は、〈起点〉が想定できないわけではないが、ほとんど意識されず、〈着点〉への変化がより強く意識されるものである。この解釈を持つ文では、プロファイルされるニ格の〈着点〉は義務的に現れるが、カラ格の〈起点〉は現れにくい。(23)のように〈起点〉が文中に現れても特に有意味な差異は生じず、非文とまではいかないが、リダンダントで据わりの悪い文となるか、より単純に［ _ガ _カラ _ニ V ］の【変化】構文の具体例として解釈される。

(23) a. この道をまっすぐ行けば駅に出る。
　　 b. ??この道をまっすぐ行けばここから駅に出る。

典型的な「着点的−位置変化」の解釈は、「届く、着く、到着する、伝わる、及ぶ」などの動詞がこの構文と融合することにより生じる。
　また、(24)のような例では、具体的な「着点的−変化」から抽象的な「結果的−状態変化」という解釈が強くなる。

(24) a. その計画が白紙になった。
　　 b. 太郎は一児の父になった。
　　 c. 気温が氷点下になる。

これは【着点的−変化】構文から、拡張した「状態変化」の意味を持つものである。従って、構文として別立てにしないで、【着点的−変化】構文と同様のものとして扱うこととする。それは、位置変化と状態変化は明確に区別

できない場合があるからである。これを動詞「走る」の例で見てみよう。

「走る」は一般に「移動様態動詞」などと呼ばれ、これ自体には移動の意味はないとされる(影山・由本(1997:134)、上野・影山(2001:48–49)など)。

(25) a. 太郎が駅に {*走った／行った／走って行った}。
　　 b. 次郎が遠く離れた店に {*走った／行った／走って行った}。

一方、「走る」は、以下のような非具体的な変化(状態変化)を表す場合がある。

(26) a. 『なぜ「少年」は**犯罪に走った**のか』(書名)
　　 b. **利己主義に走った**エゴイストは醜悪であり、**利他主義に走った**エゴイストはエレガントといえよう。
　　　　　　　　　　　　(http://www.yabuisha.com/bamboo/035.html)
　　 c. 大学は、思いっきり**趣味に走って**「西洋文化史」なるものを専攻してしまいました。　(http://monberu.milkcafe.to/html/profile.htm)

そして、位置変化とも状態変化とも峻別し難い例が以下のようなものである。

(27) a. 何事かと思ってみると燃え上がる世界貿易センターが映しだされていた。大慌てで**職場に走った**。
　　　　　　　　　(http://mytown.asahi.com/usa/news01.asp?c=22&kiji=34)
　　 b. 電車の時間がぎりぎりだったので、本屋で買い物もせず**駅に走った**けど、結局乗り遅れ1時間近く待つはめになってしまった。
　　　　　　　　　(www.ne.jp/asahi/yoyoyo/yo/Spain/0923tue.htm)
　　 c. 休日という油断から、寝坊してしまい慌てて**戸越公園駅に走った**。　　　　　(portal.nifty.com/special04/02/05/3.htm)

(27)のような例は、「走った人」がニ格で示された着点に結果的に存在することになったというような状態変化的な発想から生まれたものであろう。

このように、位置変化と状態変化は明確に線を引くことができない、連続的な対極概念と言える。また、「変化は移動」という事態の空間的メタファー（山梨 2000:231）から考えても、両者は全く異なるものではないと思われる。

以下では、【着点的－変化】構文からの拡張として、比較的安定した解釈を持つ、「出席・出場」、「出現」、「接触」、「目的」について見ていく。

◆「出席・出場」の解釈を持つもの

【着点的－変化】構文のうち、ガ格が有生物で、ニ格が具体的な場所ではなく、「会・催し・劇」などの抽象的な出来事名詞の場合には、**「出席・出場」**といった解釈がなされる。

(28) a. 太郎が会議に出る（≒出席する）。
　　 b. 太郎が試合に出る（≒出場する）。
　　 c. 太郎が映画に出る（≒出演する）。
　　 d. 太郎が選挙に出る（≒立候補する）。

「出席・出場」では、ガ格は〈移動主体〉ではなく、有生の〈行為者〉（いわゆる動作主）だけを許し、物理的には移動しない。

また、(23)では、〈起点〉は現れにくいということを指摘したが、この**「出席・出場」**では、現れてはならないという、より強い制約となっている。

(29) a. *太郎が教務課から会議に出る。
　　 b. *太郎がタイガースから試合に出る。

(29a, b)は、「教務課から」「タイガースから」という〈起点〉が文中に表れているため、非文となる。

◆「出現」の解釈を持つもの

「出現」は、概ね「内部に隠れていたものが外に姿を現す」というような意味である。これは、〈起点〉が意識されない。「出席・出場」との違いは、「出席・出場」ではガ格が〈動作主〉だけであるのに対し、「出現」では意志を持たない無生物も許すという点である。また、ニ格が出来事名詞でなくても良いという点も異なる。

(30) a. ゴジラがニューヨークに出た（≒出現した）。
　　 b. 不満が顔に出ている。
　　 c. ｛お化け／クマ／ぼろ／月｝が出た。
　　 d. 8月　アザラシの「タマちゃん」が多摩川に出現、人気者に。
　　　　　　　（http://www.adobe.co.jp/products/acrobat/history.html）

このように、「出現」は、〈移動主体〉と〈着点〉の2つの要素が現れるもの(31a)と、〈着点〉は現れず〈移動主体〉だけが現れるもの(31b)があるが、(32)のように、いずれの場合も〈起点〉は現れない。

(31) a. ゴジラがニューヨークに出た。
　　 b. ゴジラが出た。
(32) a. *ゴジラが東京からニューヨークに出た。
　　 b. *ゴジラが東京から出た。

もし(32a, b)が認められるとすれば、「出現」ではなく、単なる「位置変化」か、上で見た「発生」の解釈になる場合であろう。

◆「接触」の解釈を持つもの

ここで「接触」と呼ぶのは、(33)のような例である。

(33) a. タクシーがガードレールにぶつかった。

b. 防衛施設庁によると、米軍ヘリは大学の校舎に接触した後にグラウンドに落ち、炎上した。
(http://news.goo.ne.jp/news/kyodo/shakai/20040813/20040813a4140.html)

これ以外にも、「ぶつかる、当たる、接する、接触する」といった動詞が【着点的−変化】構文と融合することで、**「接触」**という解釈が生じる。これは、以下のような図式で表せる。

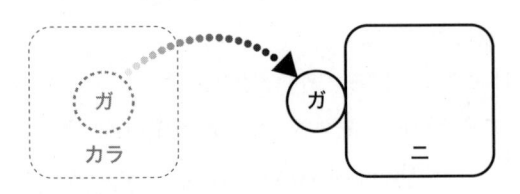

図式13 【着点的−変化】構文（接触）

これは、図式12と異なり、変化の〈主体〉であるガ格がニ格の〈着点〉の領域に入っておらず、その領域の外縁に接触していることを表している。つまり、イメージ・スキーマ自体は、ニ格の領域への変化と同じであるが、その中間段階、即ち、領域に入るところまで(実際は入らないが)の出来事が表されている。これは、構文の意味だけからは説明できず、動詞の意味によるところが大きいと思われる。「ぶつかる、当たる、接する、接触する」といった動詞は、ガ格とニ格をとるが、どちらに視点を置くかで、ガ格とニ格の入れ替えが可能な場合がある。

(34) a. 太郎が1等の温泉旅行に当たった。
　　 b. 1等の温泉旅行が太郎に当たった。

このように、**「接触」**の解釈は、ニ格が静止した領域ではなく、ガ格に向かって動いていると言う見方も可能であろう。

◆「目的」の解釈を持つもの

「目的」の解釈は「行く、来る、出掛ける、出る、入る」などの動詞との融合で生じる。

(35) a. 太郎は買い物に行った。
　　 b. 10月に入り、涼しい秋風に誘われて、釣りに出掛けた。
　　　　　　（http://www.cam.hi-ho.ne.jp/tabikusa/fishing/sayori.htm）
　　 c. バイトの最初の方はできることなら、できるだけ連続してバイトに入ることをオススメします。
　　　　　　（http://oshiete1.goo.ne.jp/kotaeru.php3?q=970945）

(35)からわかるように、ニ格が空間的領域ではなく、いわゆる出来事名詞となることがこの解釈の特徴と言える。この場合、図式12で示した図式自体は変わらずに、ニ格の領域に規定を与えるだけで良い。

以上、ここで見てきた【着点的－変化】構文は以下の図3に示すように拡張している。

図3　【着点的－変化】構文の拡張

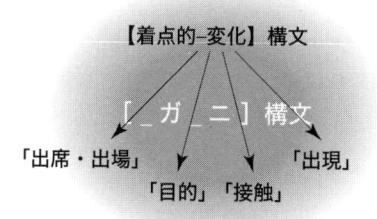

【着点的－変化】構文
「＿ガ＿ニ」構文
「出席・出場」　　　「出現」
　　　「目的」「接触」

次に、【経路的－変化】構文に移りたい。

6.1.2.3 【経路的 – 変化】構文：[_ ガ _ ヲ V]

【経路的 – 変化】構文は、〈起点 – 経路 – 着点〉のイメージ・スキーマの〈経路〉部分だけがプロファイルされ、[_ ガ _ ヲ V] という格パターンを持つ。これは、(36)のように、いわゆる移動動詞(移動様態動詞)の「走る」「歩く」「泳ぐ」「渡る」「飛ぶ」などとの融合による。

(36) a.　花子が公園を走る。
　　 b.　太郎が橋を渡る。

この構文は以下のような図式で表すことができる。プロファイルされた変化の過程が経路としてヲ格で示される。

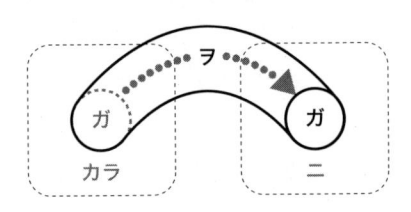

図式14 【経路的 – 変化】構文

この【経路的 – 変化】構文は、[_ ガ _ ヲ V] という格パターンと「走る」「泳ぐ」という動詞であっても、(37a)のように、許容度の低い文も認められる。益岡・田窪(1989)は、「場所の上を移動して行くという意味が明確でない場合には、ヲ格は現れにくい」と述べている(益岡・田窪 1989:65)。

(37) a.　?子供達はプールを泳いだ。　　　　　　　　(益岡・田窪 1989:66)
　　 b.　子供達はプールを端から端まで泳いだ。　　　　　　　　(同上)
　　 c.　子供達はプールをまっすぐ泳いだ。
　　 d.　子供達はプールを2往復泳いだ
　　 e.　太郎は3コースを泳いだ。

(37a)に対して、(37b)は「端から端まで」があることで、許容度が高くなる。また、(37c)は「まっすぐ」があることで、また、(37d)は「往復」があることで、許容度が高くなっていると思われる。しかし、(37e)が許されることも併せて考えると、益岡・田窪の言う「場所の上を移動して行く」というより、移動に「方向性」が必要であると考えた方が良さそうである。つまり、変化の過程に方向性があると言うことが〈経路〉の特徴であると考えられる。これは、図式14で言えば、〈経路〉のヲ格はあくまでも〈起点〉のカラ格から〈着点〉のニ格へといった道のりが時系列に沿ったものであることからも裏付けられる。

◆【経路的 – 変化】構文の拡張：「境界線越え」
さて、この【経路的 – 変化】構文は(38)のような例への拡張が認められる。

(38)a. 約束の時間に遅れそうだったので、太郎が大急ぎで家を出た。
　　b. 救助隊が戦闘地域を離れ、停戦地域に移動した。
　　c. 暑さが峠を越え、だいぶ過ごしやすくなった。
　　d. 病状が峠を越えて、ホッとした。
　　e. 先頭集団が35km地点を過ぎていった。

(38)は、典型的な【経路的 – 変化】構文から［＿ガ＿ヲV］という格パターンを継承している。しかし、変化の経路が明確でないという点で、意味的には違いが認められる。(38)は、位置的・状態的変化に伴い、ある境界線を越えるという解釈が強いものである。このような解釈は、図式14の起点領域と着点領域が隣接し、その境界線がプロファイルされる以下のようなイメージ・スキーマ変換により生じるものと思われる。

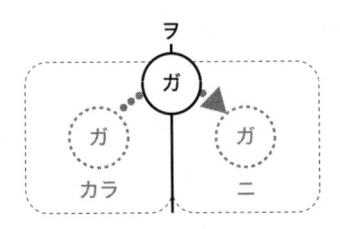

図式 14'　【経路的 – 変化】構文のイメージ・スキーマ変換

このように、経路の全体がプロファイルされるのではなく、起点から着点へ境界線のみが認識されると言える[1]。

　以上、【変化】構文を中心に拡張した3つの構文とそれぞれの具体例について見てきた。以下では、状態や移動ではなく、人間関係が中心となる【双方向的作用】構文について述べる。

6.1.3　【双方向的作用】構文：［ _ ガ _ ニ V ］

【双方向的作用】構文は、［ _ ガ _ ニ V ］という格パターンを持ち、ガ格で示される要素とニ格の要素との間の《関係》を問題とする構文である。この《関係》という構文的意味は〈リンク〉のイメージ・スキーマによって動機付けられている。

【双方向的作用】構文		
格パターン	イベント・スキーマ	イメージ・スキーマ
［ _ ガ _ ニ V ］	《関係》	〈リンク〉

この構文を【双方向的作用】構文と呼ぶのは、ガ格とニ格が互いに影響し合っているからである。この構文の具体例を(39)に示す。

(39) a.　太郎がイチローに憧れる。
　　 b.　太郎が父親に逆らう。

従来、(39)のような「対象」がヲ格ではなくニ格で表されるような文については、明確な位置づけがされていなかったように思われる。これらは、ヲ格との比較で他動性から論じられることも多かった。つまり、まず説明されるべきこととして、なぜヲ格ではなくニ格なのかという難問があった。本書では、この問題に対して、〈リンク〉のイメージ・スキーマに基づく《関係》という観点から説明する。

【双方向的作用】構文は以下の図式で示される。

図式 15 【双方向的作用】構文

この図式は、〈リンク〉のイメージ・スキーマに基づいており、繋がっている2者、即ち、ガ格とニ格の関係が問題となる。繋がっている2者のうち、相対的により働きかけの際立っているもの、能動的な方がガ格で示され、相対的に受動的な方がニ格で示される。これを、(40)の例で説明する。

(40)a.　太郎は花子の態度に怒っている。
　　b.　太郎は花子の態度に対して怒っている。
　　c.　太郎は花子の態度によって怒っている。

(40a)で、「怒り」の感情の持ち主は「太郎」である。そして、その「怒り」は「花子の態度」そして、メトニミー的に「花子」に対して向けられている。これは、(40b)からわかる。また、なぜ「太郎」が怒っているかというと、「花子の態度」が原因となっているからである。これは、(40c)からわかる。つまり、ガ格から一方的にニ格に影響を与えているのではなく、ガ格はニ格からの影響も受けている。その意味で、双方向的であり、ニ格は、ガ格からの影響を受ける「対象」とガ格への影響を与える「原因」という2つの解釈を受ける。このように、森山(1988)が「原因・変化動詞」と呼んでいる「驚く、

呆れる、悩む、困る、苦しむ、泣く、笑う、酔う」といった心理動詞的なものが［_ガ_ニV］という格パターンをとるのはこのような理由からである。

　前掲の(39a)はこの(40a)と同種のものであるが、(39b)は異なる。(39b)の「太郎が父親に逆らう」は、ガ格がニ格に対して何らかの心的態度を表すものである。簡単に言えば、リンクの関係を結ぶか、解消するかということである。「賛成する、反対する、協力する、逆らう」などの動詞から考えてもこの考えは妥当なものと思われる。

　以上、両者の関係や繋がり方を重視する【双方向的作用】構文について見てきた。このよう構文のタイプは従来の日本語研究でもあまり取り上げられなかった。また、英語的な発想からは生まれにくいものと思われる。

6.1.4 【一方向的作用】構文：［_ガ_ヲV］

【一方向的作用】構文は［_ガ_ヲV］という格パターンを持つ。ただし、これは同じく［_ガ_ヲV］の格パターンを持つ【使役】構文とは構文的意味において異なる。まずこの違いについて触れておく。【一方向的作用】構文の具体例は(41)のようなものである。

(41) a.　太郎がテレビを見る。
　　 b.　太郎が本を読む。
　　 c.　太郎が戸を叩いた。

ガ格の行為主体からヲ格の対象へと一方向的な行為が向けられているものである[2]。ただし、この一方向的な行為が何らかの対象に位置・状態変化を引き起こすというものではない。これは、イベント・スキーマの《作用》として規定される。その根底には〈ベクトル〉のイメージ・スキーマがある。つまり、行為の方向が矢印によって示されるだけである。(41a)では、太郎に見られてもテレビは何の変化もない。これに対し、【使役】構文は、ガ格の行為者の行為によって、ヲ格の対象の状態変化が認められるものである。

【一方向的作用】構文は以下のようにまとめることができる。

【一方向的作用】構文		
格パターン	イベント・スキーマ	イメージ・スキーマ
［_ガ_ヲＶ］	《作用》	〈ベクトル〉

そして、これは、以下のような図式で表される。

図式16 【一方向的作用】構文

これは、ガ格からの行為が一方向的にヲ格に及んでいることを示している。行為の向けられたヲ格は状態変化を受けないまでも何らかの影響が与えられるので、○ではなく、ギザギザの○で示す。

さらに、【一方向的作用】構文では、ヲ格の影響の度合いに差が見られる。

(42) a. 花子はぼんやりと外を眺めた。
　　 b. 太郎が次郎の頬を殴った。

(42a)はヲ格の「外」は何の影響も受けない。あるいは、行為が意図的でない場合は、視線が「外」まで届いていないことも考えられる。これは、図式17の上の図で表される。一方、(42b)では頬を殴られることで、少なくとも痛いとか赤く腫れるなどの少なからぬ影響が予想される。このような事態は、図式17の下の図式で示される。

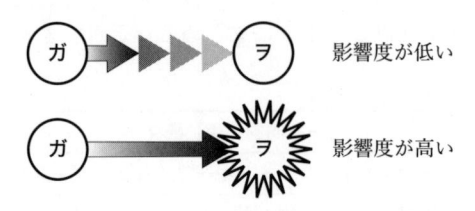

図式17 【一方向的作用】構文：影響度の違い

　以上、4つの基本的事態に関わる構文の特徴とその図式について見てきた。次に、これらの基本事態が組み合わさった複合的構文について述べていく。

6.2 複合的構文

ここでは上での基本構文のイベント・スキーマの組み合わせにより表される複合的構文について述べていく。基本的構文は、それぞれ単独のイベント・スキーマ（及び、その根源的なイメージ・スキーマ）によるものであった。これに対し、複合的事態に関わる構文は、2つ、ないし、3つのイベント・スキーマ（及び、その根源的なイメージ・スキーマ）が複合したものである。

6.2.1 【移送】構文：［_ガ_ヲ_カラ_ニV］

【移送】構文は、《作用》と《変化》という2つのイベント・スキーマによって表される複合事態である。

【移送】構文		
格パターン	イベント・スキーマ	イメージ・スキーマ
［_ガ_ヲ_カラ_ニV］	《作用》《変化》	〈ベクトル〉〈起点−経路−着点〉

　【移送】という事態は具体的には以下のよう文で表される。

(43) a. 太郎が書類を事務室から会議室に運んだ。
　　 b. 花子が本籍を東京から埼玉に移した。

これは、以下のような図式で示される。

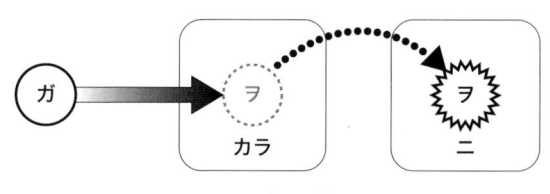

図式18　【移送】構文

【移送】構文は、《作用》と位置的な《変化》の2つのイベント・スキーマが複合したものである。まず、左側のガ格が破線のヲ格に何らかの力を加える。ここまでは基本事態の【一方向的作用】構文と同じである。【移送】構文はこれに【変化】の事態が続く。【一方向的作用】によって、力を加えられたグレーの破線のヲ格は、カラ格で示された元の領域から、ニ格で示された新たな領域へと位置変化(つまり移動)し、ニ格の領域に存在するようになるということを表している。つまり、《作用》によって、位置の《変化》が起こったということである。この複合的なイベント・スキーマにより、【移送】という事態が表される。

　さて、既に見たように、【変化】構文は、[＿ガ＿カラ＿ニ V]を中心に、プロファイルシフトによって3つの構文に拡張していった。従って【移送】構文でも起点的、着点的なものへと拡張していく。例えば、(44)のような【着点的−移送】構文では、次の図式19のように示される。

(44)　太郎が荷物をテーブルに置いた。

これは、ヲ格で示されたものがどこに存在していたかは問題にならず、そのものがどこにあるかを問題とする。従って、(44)では、荷物が太郎の手に持

たれていたのか別の部屋にあったのか拾ったのかといったことは問われない。ただ、テーブルに荷物が置かれるようになったということのみが問題となる。

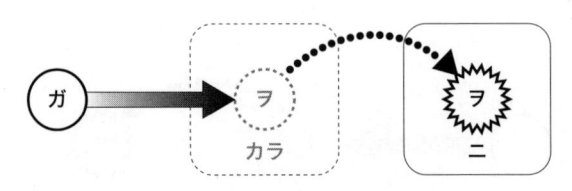

図式 19 【着点的 – 移送】構文

また、【起点的 – 移送】構文では、反対に、起点がプロファイルされ、着点はプロファイルされない。従って、格パターンも［＿ガ＿ヲ＿カラ V ］というように変化する。(45)は【着点的 – 移送】構文の具体例であり、それは、図式 20 のように示される。

(45) 太郎が鍋からアクをとった。

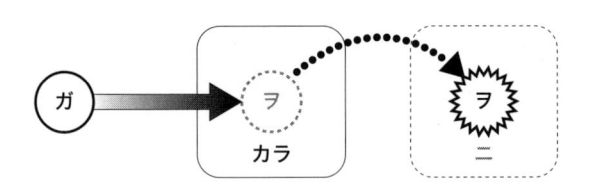

図式 20 【起点的 – 移送】構文

これは、ガ格の太郎の行為により、ヲ格で示されたアクがカラ格で示された鍋から別の場所に移されたことを示している。その際、重要なのは、カラ格の鍋にヲ格のアクがなくなることであり、それがどこに行ったかは問題にならないので、ニ格の着点はプロファイルされない。

さて、図式 18 〜 20 は、ガ格の行為により、カラ格の領域にあったものがニ格の領域に移されるという点で共通性がある。3 つの図式の違いは、図

式18がカラ格とニ格をプロファイルしているの対し、図式19はニ格、図式20はカラ格のみがプロファイルされるということである。また、3つともガ格の行為者がカラ格とニ格のいずれにも属さず、いわば外からヲ格に《作用》を向けているという点である。これに対し、ガ格が自らの領域にヲ格を移送する場合も考えられる。

(46) ルパンがルーブル美術館からモネの絵を盗んだ。

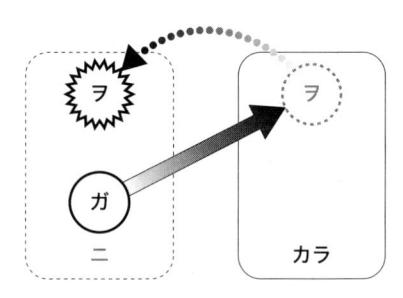

図式 21 【略奪的 – 移送】構文

(46)では、ガ格の「ルパン」がカラ格の「美術館」からヲ格の「絵」をニ格の領域に移送するというものであるが、そのニ格の領域が図式18–20とは違い、ガ格自らがいる領域となっている。つまり移送先が他の領域ではなく、自らの領域となっている。このような構文を【略奪的 – 移送】構文と呼ぶことにする。

また、一見普通の他動詞のように見える(47)も実は、この【略奪的 – 移送】構文の拡張である。(47)では「絵」のもとあった領域のカラ格が言語化されていない。これは、図式22に示されるように、起点のカラ格が背景化されているためと言える。

(47) ルパンがモネの絵を盗んだ。

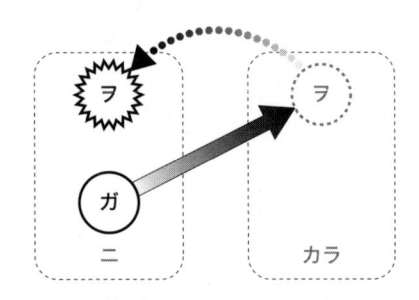

図式22 【略奪的−移送】構文(起点の背景化)

このように、【移送】という事態は、《作用》と《変化》という2つのイベント・スキーマによる複合的なものである。図式22のように、《作用》によって生じる位置の《変化》はさらに所有(略奪による「所有」)とも解釈される。この構文が「盗む」のような動詞と融合すると、「位置変化」と「所有」とのいずれにも解釈されうるが、これを動詞の意味の側面から説明しようとすれば、(46)が位置変化動詞、(47)が使役的な他動詞というように、2種の動詞を考えなければならないであろう。しかし、本書の構文モデルでは、同一の構文のどの部分がプロファイルされるか(又は背景化されるか)という説明が可能となる。

6.2.2 【使役】構文：[_ ガ _ ヲ V]

【使役】構文は、【移送】と異なり、ヲ格の対象の状態変化が認められる。

【使役】構文		
格パターン	イベント・スキーマ	イメージ・スキーマ
[_ ガ _ ヲ V]	《作用》 《変化》	〈ベクトル〉 〈起点−経路−着点〉

この【使役】は、まずガ格の行為者からの《作用》が起点領域のヲ格に及び、それが段階的に変化し、最終的にはニ格の着点領域に達し状態変化を起こすというものである。

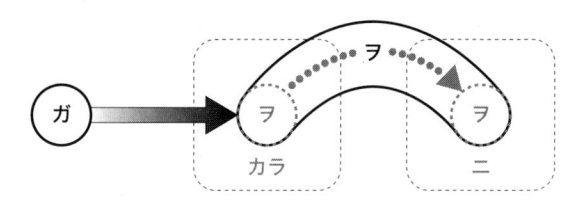

図式23 【使役】構文(経路のプロファイル)

(48) a. 花子が家を建てた。
　　 b. 次郎がゆっくり門を開けた。
　　 c. 太郎がパンを焼いた。

例えば、(48a)では、柱などの材木が起点領域にあり、少しずつ変化していき、最終的には、家が建つというように、状態変化全体がプロファイルされる[3]。

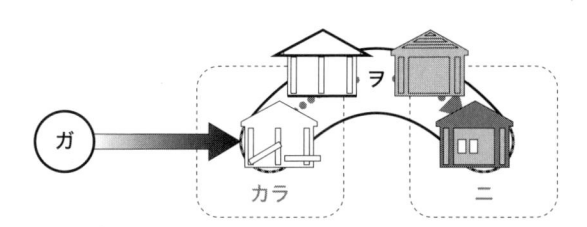

図式24 【使役】構文の具体例:「花子が家を立てる」

一方、【使役】構文には、変化の結果に焦点を置くものがある。

(49) a. 花子がコップを割った。
　　 b. 太郎がテレビを消した。
　　 c. 弟がカメラを壊した。

(49a)は"割れている"過程は問題にならない。同様に(49b, c)でも、変化の過程ではなく、結果、つまり状態変化の後の状態に焦点が当たっている。こ

のようないわゆる瞬間動詞が【使役】構文と融合した場合、以下のようなニ格の領域にあるヲ格の要素のみがプロファイルされ、変化の過程は問題にされない。

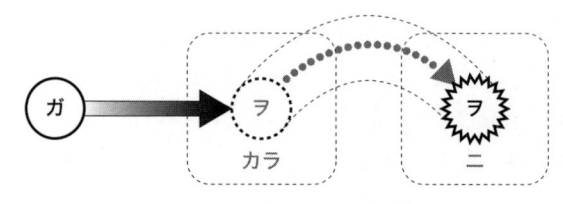

図式 25 【結果的 – 使役】構文

このような、プロファイルシフトによって拡張された構文を【結果的 – 使役】構文と呼ぶ[4]。

これとは反対に、状態変化の過程の起点領域だけがプロファイルされる例も見られる。

(50) a. 水を沸騰させる。
　　 b. 米を炊く。
　　 c. 麺をゆでる。

これらの例は、状態変化の起点的領域がプロファイルされる。

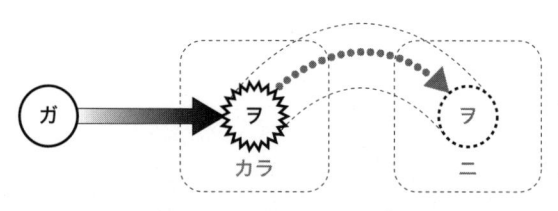

図式 26 【起点的 – 使役】構文

(50)の「水」「米」「麺」は、変化の過程を経て「湯」「炊きあがったご飯」「ゆであがった麺」になる。

6.2.3 【授受】構文：[_ ガ _ ニ _ ヲ V]

複合的構文の最後として、【授受】構文について見ていく。この構文には、《関係》、《作用》、《変化》という3つのイベント・スキーマが関わっている。特徴的なのは、《関係》が含まれているということである。格パターンの [_ ガ _ ニ _ ヲ V] のうち、ヲ格は常に受け渡しの対象を示すものとなるが、ガ格とニ格は融合する動詞によって、起点と着点という2つの働きが認められる。

【授受】構文		
格パターン	イベント・スキーマ	イメージ・スキーマ
[_ ガ _ ニ _ ヲ V]	《関係》 《作用》 《変化》	〈リンク〉 〈ベクトル〉 〈起点 – 経路 – 着点〉

まず、「もらう」系の動詞（受取動詞）から見ていこう。

(51) a. 花子が太郎に指輪をもらった。
    b. 太郎は友だちに辞書を借りた。
    c. 私たちは田中先生に英語を教わった。

これらの文は、図式27の【受取】構文の具体例である。

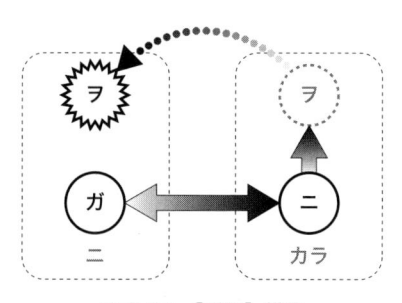

図式27 【受取】構文

これは、《関係》により捉えられる対人関係、《作用》によるモノへの働きかけ、さらに、《変化》によるモノの変化(所有権の移動)という3つの事態の下位類からなる。まずモノの流れを見ると、ニ格の太郎がカラ格の領域(つまり、自分の所有権の及ぶ範囲)にあるヲ格の指輪に何らかの力を加え(《作用》)、自らの領域から、花子の所有権の及ぶニ格の領域にヲ格の指輪を移動させる(《変化》)。ここまでは、上で見た【移送】構文と同じである。これに加え、【授受】構文には与え手と受け手の《関係》が関わる。従って、例えば、(52)のように、与え手である「太郎」が知らないうちに受け手の「花子」が指輪を「もらう」ということは成り立たない。

(52) *花子が太郎が知らないうちに太郎に指輪をもらった。

これに対して、図式22で見た【略奪‒移送】構文では、「太郎」が知らないうちに「太郎」の持ち物を手に入れることができる。

(53) a. ルパンが太郎の知らないうちに太郎の部屋から壺を奪った。
　　 b. ルパンが太郎の部屋から壺を奪った。
　　 c. *ルパンが太郎に壺を奪った。

(53c)でニ格が現れないのは、【移送】構文では、ガ格とニ格の間に双方向的な関係が認められないからである。
　このようなことから、【授受】構文は、与え手と受け手の間に何らかの《関係》があると言える。
　さて、再び【受取】構文に話を戻すと、この構文に融合する動詞(もらう、いただく、賜る、借りる、預かる、教わる、習う、学ぶ、聞く、伺う、承るなど)を用いた実際の文では、与え手のニ格がカラ格と交替することがある。

(54) a. 花子が太郎{に／から}指輪をもらった。
　　 b. 太郎は友だち{に／から}辞書を借りた。

c. 私たちは田中先生｛に／から｝英語を教わった。

この現象は、図式を使うことで簡単に説明が付く。

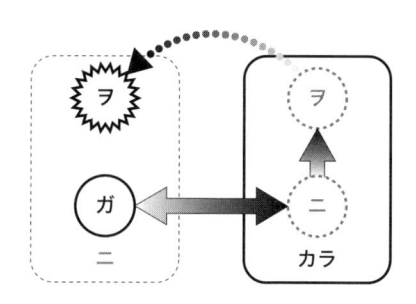

図式27' 【受取】構文のプロファイルシフト

図式27と図式27'を比較されたい。図式27では、与え手のニ格が太線でプロファイルされているのに対し、図式27'では、ニ格は背景化し、ニ格の領域であるカラ格全体がプロファイルされている。つまり、(54)のような格助詞の交替現象は、同じ事態のどの流れをプロファイルするかによって生じる表現的な効果である。一般にこの交替では、カラ格で表示された方がニ格に比べ柔らかい感じがすると言われている。これは、2つの図式からも説明できる。カラ格がプロファイルされるということは、この授受という行為が人からではなく場所からの流れという解釈が強まるからである。カラ格がプロファイルされることと、行為主体のニ格が背景化されることで、柔らかい感じが出るのであろう。

次に、「あげる」系の動詞（授与動詞）との融合例を見る。

(55)a. 太郎が花子に指輪をあげた。
　　b. 私は太郎に辞書を貸した。
　　c. われわれは相手側に3日の猶予を与えた。

【授与】構文では、ガ格が与え手で、ニ格が受け手となっている。ここでも

ガ格とニ格の対称性が見受けられる。両者は〈リンク〉のイメージ・スキーマで繋がっているので、より能動的な方がガ格、受動的な方がニ格となるというルールが生きている。

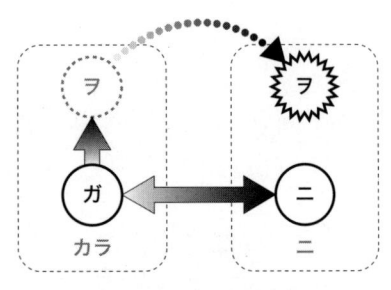

図式 28 【授与】構文

また、この【授与】構文でも、格助詞の交替現象が見られる。

(56) a. 私 {が／から} 花子に指輪をあげた。
    b. 私 {が／から} 太郎に辞書を貸した。
    c. われわれ {が／から} 相手側に 3 日の猶予を与えた。

(56)のガ格とカラ格についても、カラ格のほうが柔らかい表現になっていると言われている。これも、図式 28' からわかるように、行為主体のガ格ではなく、モノの流れの起点となる領域全体がプロファイルされているからである。

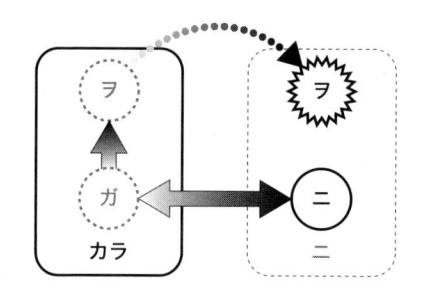

図式28' 【授与】構文のプロファイルシフト

◆【授受】構文の生産性
以上、【授受】の2つの構文、【受取】構文と【授与】構文について見てきた。【授受】構文は、構文的意味が安定しており、極めて高い生産性を持った構文である。上の例は全て授受に関する意味を動詞自身が担っていたが、例えば、「読む」や「作る」といった、動詞自身には授受の意味が認められないものでも、この【授受】構文と融合することで新たな意味が生じる。それは、動詞の基本的な語義にはない「第三者に対して、発せられた音声や作成されたものを、与える」といった意味であり、(57)のような文ではそれが認められる。

(57) a. 太郎は、毎晩娘に『白雪姫』の絵本を読んでいるので、最初から終わりまで暗唱できるそうだ。
b. 花子は、毎朝息子に弁当を作ってから、仕事に出かける。

このような解釈は、「XがYにZを"与える"」といった構文的な意味を持つ構文の抽象度の高い"与える"の部分に「読む」や「作る」という具体性の高い動詞が用いられることによって表現されるものである。
このような構文の意味を認める構文文法の利点の1つは、"多義"に関して動詞に過度の負担を強いる必要がなくなるということであった。全ての構文にこのような高い生産性があるわけではないが、構文的意味を取り入れることで、文レベルの多様な解釈を個別の問題ではなく、体系的に説明でき

のである。

　以上、6章では、本書の新たな構文モデルについて述べてきた。次の7章では、この構文によりどのような問題が解決されるかを示しながら本書の構文モデルの有用性を示したい。

注

1　この問題については、7.2 で詳しく述べる。
2　これらは、語彙概念構造で言う「行為」の [[　] x ACT ON- [　] y] に該当するものである。従って、「変化」の [BECOME [[　] y BE AT- [　] z]] ないしは「移動」の [[　] yMOVE [PATH] z] を含まない。
3　このように《変化》の過程全体がプロファイルされるという見方は、Dowty(1991)の「漸増的変化対象」に通じるものである。
4　ただし、状態変化であれば、過程の着点は必然的に結果になるため、わざわざ結果と言わず、着点と言っても良いかも知れない。

第7章　格助詞と構文

前章で提案した「イメージ・スキーマに基づく格パターン構文」は、第1章に挙げた"動詞の多義"、"格助詞の交替現象"、"格助詞の意味解釈"といった問題を効果的に解決することができる。このうち、"動詞の多義"については、既に随所で多く述べてきた。ここでは、断片的であった"格助詞の交替現象"についての議論をまとめたい。さらに、これに関連して、格助詞の意味解釈の問題についても触れたい。

7.1　格助詞の交替現象

既に述べたが、"格助詞の交替現象"の分析は格助詞のみの問題ではなく、それぞれの文が表す事態のタイプを考慮する必要がある。また、動詞の意味構造による説明、例えば、「編入」という操作ではこの種の交替現象を体系的に説明することはできない。つまり、"格助詞の交替現象"は構文レベルのものである。

　いわゆる"格助詞の交替現象"と呼ばれるものには2つのタイプ、即ち、「構文そのものの交替」と「同一構文での格パターンの交替」とがある。構文そのものの交替は、事態の捉え方の違いに関わり、それぞれの文レベルの意味は違ったものになる。一方、同一構文での格パターンの交替は、同じ構文でのバリエーションであり構文の意味には違いが見られない。

7.1.1　ニ／ヲ交替：それぞれ別の事態を表す構文の交替

・「靖国神社｛に／を｝お参りする」

「靖国神社にお参りする」は、主体の移動が中心に描かれているのに対し、「靖国神社をお参りする」は主体の行為に重点が置かれている。従って、ニ格の方は【着点的－変化】構文、ヲ格の方は【一方向的作用】構文の具体例と言える。

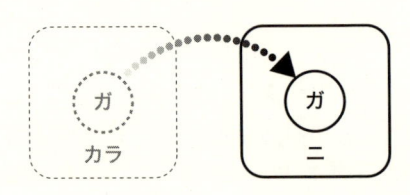

図式1　【着点的－変化】構文：「靖国神社にお参りする。」

図式2　【一方向的作用】構文：「靖国神社をお参りする。」

7.1.2　ニ／カラ交替とガ／カラ交替：同じ事態を表す同一構文での格パターンの交替

・「太郎が友だち｛に／から｝辞書を借りた。」
・「私｛が／から｝太郎に連絡します。」

授受表現のうち、受取の意を表す文では、「ニ／カラ」の交替が見られ、授与の意を持つ文では、「ガ／カラ」の交替が見られる。しかし、これは、いずれも【授受】構文の具体例であり、構文自体は同じものである。この点で、それぞれが別の構文である上の「神社｛ニ／ヲ｝お参りする」とは異なっている。つまり、「友だち｛に／から｝借りる」は、同じ【授受(受取)】構文の例であるが、プロファイルされる要素が異なることにより、言語化される格助詞に違いが見られるのである。いわば同一構文の異形態のようなものである。「ニ／カラ」の交替を図式3で見てみよう。

第 7 章　格助詞と構文　189

　図式 3 では、与え手のニ格が太線でプロファイルされているのに対し、図式 3' では、ニ格は背景化し、ニ格の領域であるカラ格全体がプロファイルされている。

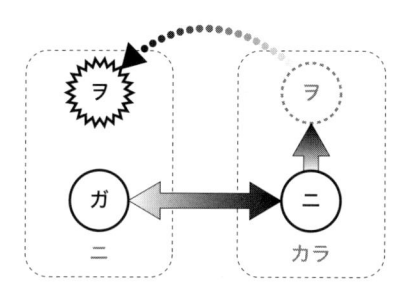

図式 3　【授受（受取）】構文：「太郎が友だちに辞書を借りた。」

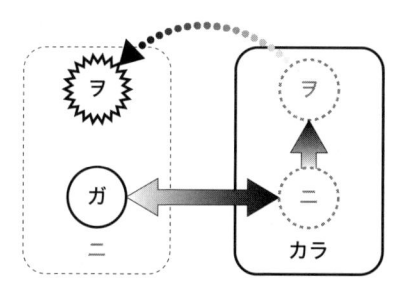

図式 3'　【授受（受取）】構文のプロファイル・シフト：
　　　　「太郎が友だちから辞書を借りた。」

　このような格助詞の交替現象は、同じ事態のどの流れをプロファイルするかによって生じる表現的な効果である。一般にこの交替では、カラ格で表示された方がニ格に比べ柔らかい感じがすると言われているが、これは、2 つの図式からも説明できる。カラ格がプロファイルされるということは、この授受という行為が人からではなく場所からの流れという解釈が強まるからである。カラ格がプロファイルされることと、行為主体のニ格が背景化されることで、柔らかい感じが出るのである。

7.1.3　カラ／ヲ交替：「〜カラ／ヲ出る」について

最後に、かねてから指摘されることの多かった「カラ／ヲ」の交替について考えたい。

（1）a.　大学から出て、安全な場所に避難して下さい。
　　 b.　大学を出て、安全な場所に避難して下さい。
　　 c.　大学を出て、貿易会社に就職した。

まず、(1a, b)の差異についてであるが、(1a)は【起点的−変化】構文の具体例、(1b)は【経路的−変化】構文の具体例である。これは、(2a, b)の比較によりわかる。

（2）a.　大学から安全な場所に出る。
　　　　　〈起点〉　　　〈着点〉
　　 b.　*大学を安全な場所に出る。
　　　　 〈起点〉ではない　〈着点〉

ニ格の〈着点〉が言語化された場合、カラ格とは共起するがヲ格とはしない。つまり、今まで述べてきたように、ヲ格は〈起点〉ではないのである。では、何か。本書の構文モデルでは以下のように説明できる。

　(1a)と(1b)はいずれも【変化】構文からの拡張例である。そして、〈起点−経路−着点〉のイメージ・スキーマの起点の要素がプロファイルされたのが(1a)の【起点的−変化】構文であり、経路がプロファイルされたのが(1b)の【経路的−変化】構文である。ただし、(1b)では、【経路的−変化】構文のイメージ・スキーマ変換により経路が境界線として見られている（それぞれの構文の図式は、以下の図式4, 5を参照）。

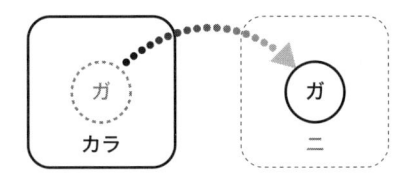

図式4　【起点的 – 変化】構文：「大学から出て、安全な場所に避難して下さい。」

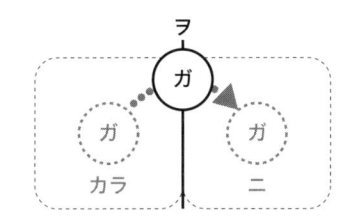

図式5　イメージ・スキーマ変換された【経路的 – 変化】構文：
　　　　「大学を出て、安全な場所に避難して下さい。」

このように、(1a)の「大学」は、〈起点〉として解釈されるが、(1b)の「大学」は、空間としての大学の内と外の境界線として解釈されるのである。

　では、(1c)はどうであろうか。結論から言えば、この(1c＝「大学を出て、貿易会社に就職した。」)も(1b)と同様、上の図式5のイメージ・スキーマ変換された【経路的 – 変化】構文の具体事例であると言える。ただし、(1c)の「大学」は空間ではなく、課程として状態的に解釈される。これを次の例文で考えてみよう。(3)は「大学」を「3号館」に、(4)は「経済学部・経営学科」に変えたものである。

（3）a.　3号館を出て、安全な場所に避難して下さい。
　　 b.　*3号館を出て、貿易会社に就職した。
（4）a.　*経済学部・経営学科を出て、安全な場所に避難して下さい。
　　 b.　経済学部・経営学科を出て、貿易会社に就職した。

（3）と（4）の比較から、それぞれのaとbでは、「大学」の意味が異なっていることがはっきりする。「3号館」という「大学」の空間性がより強くなっ

た例では、物理的な移動の解釈しか許されない。一方、「経済学部・経営学科」のように、単位を取得して卒業するという意味での「大学」の課程という側面が前に出れば、物理的な移動ではなく、状態変化(即ち、「卒業」)として解釈されるのである。

このように、(1b)の「大学を出る」と(1c)の「大学を出る」は、図式5のようなイメージ・スキーマ変換された【経路的 – 変化】構文の具体例でありながら、「大学」という名詞の意味解釈の違いにより、文レベルの意味の違いが生じるのである。

Goldberg(1995)の構文モデルをもとに事例研究を行った伊藤(2003)では、(1b)も(1c)もいずれも他動詞構文からの拡張であると考えた。これは、「構文の拡張には形式面の継承が伴う」という従来の構文モデルの主張を受け、[＿ガ＿ヲV]という格パターンの共通性から(1b)と(1c)を同列に扱ったからである。しかし、本書の第2部の考察で、構文の意味の拡張はイメージ・スキーマを介してなされることが明らかになった。即ち、構文の意味の根源をイメージ・スキーマに求める本書の構文モデルにより、単なる表面的な形式の継承に頼ることなく、構文の拡張についてより広範囲な見方が可能となった。

以上、格助詞の交替現象を構文という観点から考察した。次に、格助詞の意味解釈について考察する。ここでも、本書の構文モデルが有用であることが示される。

7.2　格助詞の意味解釈①：非 – 対象のヲ格と【経路的 – 変化】構文

7.2.1　「非 – 対象」ヲ格の意味解釈

ここでは、「経路」「状況」「期間」「経過点」「起点」などと呼ばれる「対象」以外の意味解釈を受けるヲ格名詞句(以下、「非 – 対象」のヲ格と呼ぶ)について考察する。これらの分析には、本書の【変化】構文の意味基盤である〈起点 – 経路 – 着点〉のイメージ・スキーマが有効であることを示す。そして、「非 – 対象」のヲ格の意味解釈は、全て〈経路〉からの意味拡張であること

主張する[1]。

　ここで言う「非－対象」のヲ格とは以下のようなものである[2]。

(5) a. 「経路」太郎は遊歩道を歩いた。　　　　　　（杉本 1986:282）
　　 b. 「状況」太郎は暗闇を一目散に逃げた。
　　 c. 「期間」楽しい時間を過ごした。　　　　　　（益岡・田窪 1987:2）
　　 d. 「経過点」バスは駅前の交差点を過ぎた。　　（杉本 1986:282）
　　 e. 「起点」船は岸を離れた。　　　　　　　　　（益岡・田窪 1987:60）

　これらは、従来、文法関係の観点からは、非－目的語であり、意味解釈の観点からは、非－対象の解釈を受けると記述されてきた（杉本 (1986)、益岡・田窪 (1986)、三宅 (1995) など）。従来の研究は、個々の言語事実を適切に観察したものであるが、それぞれの意味解釈が他とどのように関連しているかについては触れられていない。

　本書は、これらの記述・観察を踏まえ、(5) のような「非－対象」の解釈は全て〈起点－経路－着点〉のイメージ・スキーマを意味的な基盤としており、その〈経路〉領域の意味拡張と考えることで体系的に説明できることを示す。具体的には、【経路的－変化】構文を用いて、「非－対象」のヲ格の意味拡張を明らかにする。結論を先取りして言えば、上記のような意味解釈は、格助詞や動詞の語彙的意味のみによってなされるわけではなく、それが用いられる「構文」が表す事態の認識と関わっていると考えられる。

　以下、当面の課題である「非－対象」のヲ格に関わる【経路的－変化】構文を詳しく見ていく。

7.2.2 【経路的－変化】構文におけるヲ格の意味解釈

【経路的－変化】構文は、〈起点－経路－着点〉のイメージ・スキーマの〈経路〉部分だけがプロファイルされ、[＿ ガ ＿ ヲ V] という格パターンを持つ。これは、上の (5) のように、いわゆる移動動詞（移動様態動詞）の「走る」「歩く」「泳ぐ」「渡る」などとの融合による。

しかし、[＿ガ＿ヲV] という格パターンと「走る」「泳ぐ」という動詞であっても、(6a)のように、許容度の低い文も認められる。益岡・田窪 (1989)は、「場所の上を移動して行くという意味が明確でない場合には、ヲ格は現れにくい」と述べている(益岡・田窪 1989:65)。

(6) a. ?子供達はプールを泳いだ。　　　　　　　(益岡・田窪 1989:66)
　　b.　子供達はプールを端から端まで泳いだ。　　　　　　　(同上)
　　c.　子供達はプールをまっすぐ泳いだ。
　　d.　子供達はプールを2往復泳いだ
　　e.　太郎は3コースを泳いだ。

(6a)に対して、(6b)は「端から端まで」があることで、許容度が高くなる。また、(6c)は「まっすぐ」があることで、また、(6d)は「往復」があることで、許容度が高くなっていると思われる。しかし、(6e)が許されることも併せて考えると、益岡・田窪の言う「場所の上を移動して行く」というより、移動に「方向性」が必要であると考えた方が良さそうである。つまり、変化の過程に方向性があるということが〈経路〉の特徴であると考えられる。これは、この構文の図式で言えば、〈経路〉のヲ格はあくまでも〈起点〉のカラ格から〈着点〉のニ格へといった道のりが時系列に沿ったものであることからも裏付けられる。

7.2.2.1 【経路的－変化】構文と「経路」「状況」「期間」の意味解釈
ここまでの議論で明らかなように、「非－対象」のヲ格のうち、「経路」という意味解釈は、【経路的－変化】構文の中心的な意味として位置づけられる。では、「状況」と「期間」はどのように考えれば良いのか。
　この【経路的－変化】構文のヲ格名詞句に注目してみると、「空間から時間へ」という一般的な意味拡張の流れがこれらの意味拡張にそのままあてはまることがわかる。即ち、「経路」「状況」「期間」は、いずれも【経路的－変化】構文のヲ格で示される〈経路〉というスキーマ的な意味を共有してい

る。そして、その〈経路〉において、当該の名詞句の持つ「空間性」と「時間性」の度合いにより、「経路」「状況」「期間」の解釈が段階的になされると言える。言い換えると、構文的意味としての〈経路〉は、空間から時間へという抽象化を辿り、それに伴って、位置変化／状態変化の意味が希薄化するのである。

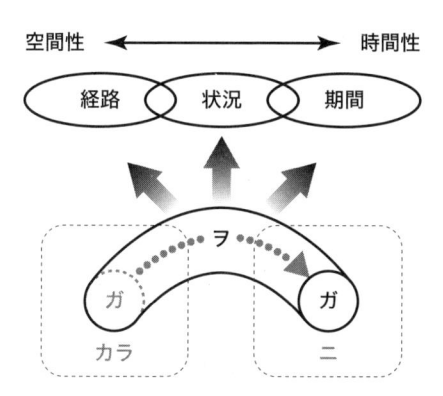

図式6 【経路的 – 変化】構文と「経路」「状況」「期間」の関係

「経路」は空間性が高く時間性はほとんどないが、対極にある「期間」は、時間性が高く空間性はほとんど感じられない。その中間に位置するのが「状況」である。そのため、「状況」は、空間的な意味と時間的な意味を併せ持っている[3]。（7）では、a から c に行くほど空間的な意味は薄れ時間的な意味が強くなり、同時に、移動の意味が薄れていく。従って、「期間」では、「満喫する」のような移動の意味を持たない動詞とも共起し得る。

（7）a. ｛大通り／永代橋｝を歩いた（渡った）。　　　　空間性
　　 b. ｛超高齢化社会／大不況｝を生きる（勝ち抜く）。　↕
　　 c. ｛楽しい時間／いい正月｝を過ごした（満喫した）。時間性

このような見方は、格助詞のうち、ヲ格を含めてニ格、カラ格、デ格、マデ格がいずれも「空間」の意味表示に関わっており、これらが全て「時間」の

表示にも用いられることからも裏付けられる。一方で、ガ格とト格は、「空間」を表せないため、「時間」も表せないと考えられる。

　最後に、「経過点」「起点」とされるヲ格名詞句について考える。

7.2.2.2 【経路的−変化】構文と「経過点」「起点」の意味解釈
ここでは、「起点」「経過点」と呼ばれる解釈について考える。本書では、(8)のような例も、【経路的−変化】構文における〈経路〉からの意味拡張と考える。

(8)a.　遅れそうだったので、大急ぎで家を出た。…「起点？」
　　b.　救助隊が戦闘地域を離れ、停戦地域に移動した。…「起点？」
　　c.　暑さが峠を越え、だいぶ過ごしやすくなった。…「経過点」
　　d.　病状が峠を越えて、ホッとした。…「経過点」
　　e.　先頭集団が35km地点を過ぎていった。…「経過点」

(8)は、【経路的−変化】構文から［_ガ_ヲV］という格パターンを継承している。しかし、変化の経路が明確ではないという点で、意味的には違いが認められる。このような性質から、これらのヲ格名詞句は、「起点」や「経過点」とされている。

　しかし、(8a, b)のような「起点」のヲとされるものには、「部屋｛から／*を｝外に出てきた。」のように、カラと異なり様々な制約があることが指摘されており(益岡・田窪1987:60)、既に述べてきたように、ヲ格には「起点」というような意味解釈はないと言える。もし、ヲ格が「起点」と関わっているのであれば、(9)のような「着点」という用法も認める必要がある。

(9)a.　講義棟は、南門を入ってすぐ右側にあります。
　　b.　エントランスを入るとアジアンリゾートな空間が広がる。

「起点」でも「着点」でもない(8a, b)や(9)のような例を解く鍵は、(8c, d, e)

の「経過点」にある。即ち、(8)(9)の全てのヲ格は、ある"境界線"を示しているのみであると考えられる。〈経路〉がどのように"境界線"へと変わるのかを、再びイメージ・スキーマに基づく構文により図示する。

(8)(9)のような例は、位置的・状態的変化に伴い、ある境界線を越えるという解釈が強いものである。このような解釈は、【経路的－変化】構文の図式の起点領域と着点領域が隣接し、その境界線がプロファイルされる以下のような「イメージ・スキーマ変換」によって生じるものと考えられる。

【経路的－変化】構文
〈経路〉全体がプロファイルされる

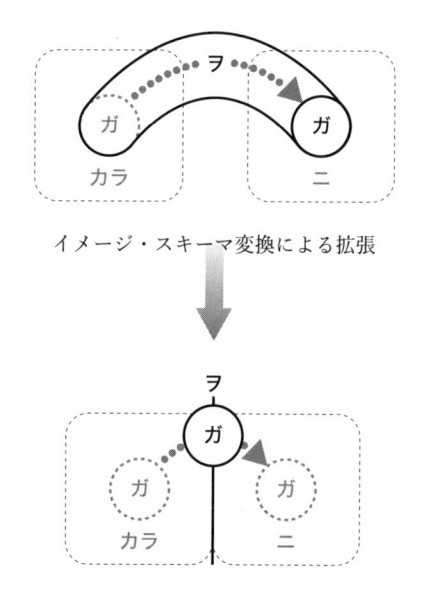

イメージ・スキーマ変換による拡張

【経路的－変化】構文からの拡張
隣接する〈起点〉と〈着点〉の境界線が〈経路〉としてプロファイルされる

図式7 【経路的－変化】構文のイメージ・スキーマ変換："境界線越え"

このように、従来、「起点」とされていたものは、起点と着点の境界線のみがプロファイルされ、図式7のように、その境界線が〈経路〉として認識されることによりヲ格で示されると考えられる。いわゆる「起点」のヲ格が

「着点」のニ格と共起できないのは、この事態が起点から着点への変化を表しているのではなく、起点と着点の境界線を越える部分のみがプロファイルされているからであると言える。

　従って、隣接する領域の起点側を見た(8a,b)は「起点」、着点側を見た(9)は「着点」と認識され、起点と着点の接する部分のみを見れば、「経過点」という解釈が生まれるのであろう。ただし、繰り返しになるが、「起点」「着点」「経過点」はヲ格によって示されるものではなく、起点から着点への"境界線"を示しているのみである。

7.2.3　まとめ

ここまでの考察をまとめると(10)のようになる。

(10) a.　「非－対象」の意味解釈を受けるヲ格名詞句は、全て【変化】構文の〈経路〉からの拡張と考えられる。
　　 b.　この意味拡張には、①ヲ格で表示される名詞句の意味拡張と、②構文的意味である〈経路〉のイメージ・スキーマ変換によるものとがある。
　　 c.　「経路」「期間」「状況」とされる用法は①に動機付けられる。
　　 d.　「経過点」「起点」とされる用法は②に動機付けられる。

以上の考察から、格助詞の意味解釈は、格助詞の語彙的意味のみによって定まるわけではなく、ここでも構文の根源的な意味であるイメージ・スキーマが大きな役割を担っていることがわかる。

7.3　格助詞の意味解釈②：いわゆる「ニ格目的語」について

一般に日本語の他動詞文は、［＿ガ＿ヲ V］という格パターンをとるが、(11)～(13)のような文では、［＿ガ＿ニ V］という格パターンが現れる。

(11) a. 太郎が電信柱にぶつかる。
　　 b. 太郎が花子に会う。
(12) a. 太郎が恋に悩む。
　　 b. 父親が太郎の言動に呆れる。
(13) a. 環境保護団体が自治体に働きかける。
　　 b. 太郎が両親に頼る。

　このような文で、なぜヲ格ではなくニ格が現れるかについては、従来は主に動詞の意味から説明されることが多かった。しかし、格助詞の選択は、動詞が決定するのではなく、また、格助詞固有の意味からは予測できるものではない。
　ここでは、この種のニ格が現れる構文の考察を通して、格助詞の選択・組み合わせ(即ち「格パターン」)は、構文に固有のものであり、動詞に固有のものではないということを確認する。結論を先取りすると、[_ ガ _ ニ V]という格パターンは、①【変化】構文、②【双方向的作用】構文、③【授受】構文に見られる。従って、いわゆるニ格目的語は、この3つの構文の具体事例に現れる。

7.3.1　動詞の意味的な類型による説明の問題点

いわゆるニ格目的語をとる動詞は、「準他動詞(杉本1991)」、「「に」他動詞(森1998)」などと呼ばれ、その特徴についての研究もなされている。ここでは、[_ ガ _ ニ V]という格パターンをとる文に対して、動詞の意味的な類型化による説明を検討し、その問題点を指摘したい。
　まず、ニ格他動詞文(便宜上こう呼ぶ)と典型的な他動詞文との違いについて見てみたい。

7.3.1.1　他動性の観点から見たヲ格とニ格：角田(1991)

角田(1991)は、他動詞文のプロトティピカルな意味的側面を、「参加者が二人(動作者と動作の対象)又はそれ以上いる。動作者の動作が対象に及び、か

つ、対象に変化を起こす。(動作者と対象は無生物の場合もある。従って、二人ではなく、2つの場合もある。)」と述べている(角田 1991:72)。これを踏まえて角田(1991)は、他動詞のプロトタイプを、「相手に及び、かつ、相手に変化を起こす動作を表す動詞」と定義している。

(14)　他動詞のプロトタイプ(角田 1991:72)
　　　相手に及び、かつ、相手に変化を起こす動作を表す動詞

　この定義に従い、(15)のような文で2つの名詞句(項)がどのような格パターンで表示されるかを考えてみる。

(15) a.　太郎が花子を殺した。　　　　　　　　　　　　　(角田 1991:75)
　　 b.　太郎が花子を叩いた。　　　　　　　　　　　　　(同上)
　　 c.　太郎が花子に触った。　　　　　　　　　　　　　(同上)

表1　対象の変化とヲ格／ニ格の差異

	対象に変化を起こす	対象に変化を起こさない
動作が対象に及ぶ	a. [_ ガ _ ヲ 殺す]	b. [_ ガ _ ヲ 叩く] c. [_ ガ _ ニ 触る]

　この表からわかるように、「太郎が花子を叩いた」と「太郎が花子に触った」はどちらも、「動作が対象に及び、対象に変化を起こさない」ものとになり、形態的な [_ ガ _ ヲ V] と [_ ガ _ ニ V] の差は説明できない。ただし、角田(1991)は、他動性について述べているものであり、[_ ガ _ ヲ V] と [_ ガ _ ニ V] の差異については特に言及していないが、この種の [_ ガ _ ニ V] の文の他動性は高いと述べている(角田 1991:80)。
　以上の議論から、[_ ガ _ ニ V] タイプの文は、他動性が高いということは確認できるが、他動性の高低だけでは、[_ ガ _ ニ V] と [_ ガ _ ヲ V] の差異を説明することは難しいと言えよう。次に、より詳細な動詞の意

味による説明を検討する。

7.3.1.2　ニ格他動詞の類型：森(1998)
森(1998)は、意味的に「相手に及ぶが変化を起こさない」他動詞(森1998では、「に」他動詞)について、以下のように述べている。

(16)　主体から相手への移動・放射イメージ・スキーマが適用される場合もしくは、「相手名詞」に能動性が感じられる場合に相手名詞の表示格としてニ格をとる。　　　　　　　　　　　　　　(森1998:73)

　森(1998)は、このような特徴を持つニ格他動詞の類型を以下のようにまとめている。

(17)　「に」他動詞の類型：森(1998)
　　　[1] XからYへ何らかの移動があるもの
　　　　　1. 主体全体が移動しているもの
　　　　　　　(例)会う、ぶつかる、当たる…
　　　　　2. 主体の一部が移動しているもの
　　　　　　　(例)触れる、触る、かみつく
　　　　　3. 言葉・音声が移動しているもの
　　　　　　　(例)働きかける、呼びかける、注意する…
　　　　　4. 感情・態度が放射されているもの
　　　　　　　(例)ほれる、憧れる、頼る…
　　　　　5. 視線が放射されているもの
　　　　　　　(例)注目する、着目する、気づく…
　　　　　6. 力などのエネルギーが移動・放射されているもの
　　　　　　　(例)かかわる、影響する、勝つ…
　　　[2] XからYへ何らかの移動がないもの(ニ格名詞に能動性が感じられるもの)

(例)負ける、敗れる

　森(1998)のニ格他動詞の類型は、[1] 1～3 は移動と関わり、[1] 4～6 は言葉や感情や力の放射があり、[2] は移動はないが、ニ格名詞に能動性が感じられる、とまとめることができる。
　この中で、「負ける」「敗れる」の [2] でなされている「ニ格名詞に能動性が感じられる」という指摘は重要であろう(ただし、森(1998)では、これを [2] の特徴としてだけしか挙げていない点は問題と言える)。これは、7.3.1.1 の(15)で未解決であった、「対象に変化を起こさない」という特徴だけでは差のつかない「ヲ格／ニ格の違い」について1つの考え方を提示しているからである。全ての [＿ガ＿ニV] という格パターンの文にあてはまるわけではないが、その1つのタイプにとっては、大きな特徴である。

7.3.1.3　動詞の意味による説明の限界

上で挙げた森(1998)以外にも、森山(1988)、森田(1994)などでは、格パターンごとの動詞の意味の類型・リストが用いられている。しかし、このような類型化・リスト化は、多様な動詞の意味の一側面をとりあげたものに過ぎず、類型化したとたんに例外が生じてしまう。
　例えば、森(1998)でも挙げられている「触れる」と「頼る」は、[＿ガ＿ニV] の他にも、[＿ガ＿トV]、[＿ガ＿ヲV]、[＿ガ＿ニ＿ヲV] のような格パターンをとる。

(18) a.　混合ガスが大気と触れて爆発した。
　　 b.　太郎がやさしく花子の髪を触れた。　　(cf. 太郎が花子に触れる。)
(19) a.　太郎が親を頼る。
　　 b.　太郎が親に学費を頼る。　　　　　　　(cf. 太郎が親に頼る。)

　同様の現象は、「会う、ぶつかる、当たる」などの動詞が [＿ガ＿ニV] も [＿ガ＿トV] もとれること、「働きかける、呼びかける、注意する」が

［＿ガ＿ニV］も［＿ガ＿ヲV］も［＿ガ＿ニ＿ヲV］もとれることなど、数多く存在する。

　このような事実から言えることは、動詞の類型化による説明に見られる「この格パターンを持つ動詞はこれである」という記述は、豊かな意味を持つ動詞の可能性に制約を与えることになってしまうということである。あるいは、1つの動詞を複数の類型にリストアップすることも可能であろうが、こうすると、類型化の利点である「整理されたリスト」が乱れたものになってしまうのである。

7.3.1.4　構文的視点の導入

上記のような問題点は、「動詞は唯一の事態とだけ結びついているわけではない」という視点を補足することで改善される。即ち、1つの動詞は、複数の事態と関わる可能性があるということを、まず念頭に置く必要がある。そして、それぞれの事態は、特定の「構文的意味」と結びついており、その「構文的意味」を持つ構文は決まった「格パターン」を持っている。従って、**「格パターンは、事態を描き出す構文に固有のものであり、動詞によるものではない」**と考えられる。

　このような観点から、［＿ガ＿ニV］という格パターンをとる動詞の意味的な類型をそれが関わる事態との関係を優先して、緩やかに捉えると、以下の3つのタイプが挙げられる。ただし、ここまでの議論から明確であるが、この動詞のタイプは、あくまで［＿ガ＿ニV］という格パターンの構文と融合可能な動詞のリストである。

(20)【動詞の意味的なタイプ】
　　Ⅰ［ぶつかる／会う］タイプ
　　　会う、ぶつかる、当たる、刺さる、ひっかかる、隠れる、現れる、収まる、入る、埋まる…
　　Ⅱ［悩む／呆れる］タイプ
　　　悩む、呆れる、脅える、驚く、喜ぶ、苦しむ、困る、憧れる、泣く、

笑う、酔う、飽きる・・・
Ⅲ [働きかける／頼る] タイプ
頼る、働きかける、呼びかける、相談する、約束する、抗議する、干渉する、協力する・・・

そして、このようなタイプの動詞が融合する構文に現れるニ格目的語は、以下のような特徴を持つ。ただし、注意しなければならないのは、Ⅰ～Ⅲの全てのタイプに共通するものではなく、どの文に現れるかによって異なる特徴を示すという点である。

(21) 【ニ格目的語の特徴】
①ガ格主語と接触する。→Ⅰ
②ガ格主語と等価かほぼ同様な働きを持つものもある。この場合、ニ格ではなく、ト格で表示できる。→Ⅰ
③ガ格主語による行為の「対象」と解釈される一方で、「原因／行為者」的な解釈も持つ。→Ⅱ
④ガ格主語の意図性が強く、行為が一方向的な色合いが強い場合は、ニ格ではなく、ヲ格で表示される。→ⅡとⅢの一部
⑤有生名詞(メトニミー的な有生を含む)に限られる。→Ⅲ
⑥ヲ格と交替可能であるか、別のヲ格名詞と共起可能である。→Ⅲ

7.3.2 分析：構文的説明

［_ガ_ニV］という格パターンをとり得る構文は1つだけではない。確認のため、［_ガ_ニV］の格パターンと関わる3つの構文(【変化】構文、【双方向的作用】構文、【授受】構文)を挙げておきたい。

表2　ニ格目的語に関わる構文

構文名	基本的な格パターン	イベント・スキーマ
【変化】構文	[_ガ _カラ _ニ V]	≪変化≫
【双方向的作用】構文	[_ガ _ニ V]	≪関係≫
【授受】構文	[_ガ _ニ _ヲ V]	≪関係≫≪作用≫≪変化≫

以下、これらの構文の具体事例である文の特徴、融合可能な「動詞の意味タイプ（Ⅰ～Ⅲ）」、「ニ格目的語の特徴（①～⑥）」について見ていく。

7.3.2.1 【変化】構文

この構文の具体事例、融合可能な動詞の意味タイプ、ニ格目的語の特徴は以下のようにまとめられる。

具体事例	融合可能な動詞のタイプ
a. 太郎が電信柱にぶつかる。 b. 太郎が花子に会う。	Ⅰ「ぶつかる／会う」
ニ格目的語の特徴	
①ガ格主語と接触する。 ②ガ格主語と等価かほぼ同様な働きを持つものもある。 　この場合、ニ格ではなく、ト格で表示できる。	

【変化】構文は、[_ガ _カラ _ニ V] の格パターンを持つ〈起点－経路－着点〉のイメージ・スキーマを意味基盤とする構文である。

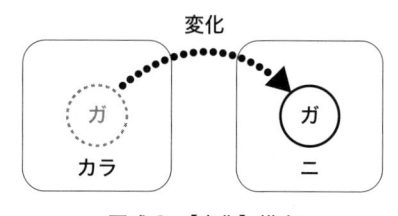

図式8　【変化】構文

この〈起点−経路−着点〉のイメージ・スキーマのうち、〈着点〉のみがプロファイルされるのが【着点的−変化】構文であり、着点は必須の要素であるが、〈起点〉は問題とならない。従って、言語化されるのは「主体」のガ格と「着点」のニ格のみで、[_ガ_ニV]という格パターンとなる。ただし、典型的な【着点的−変化】構文では、ガ格はニ格に入っていくが、「太郎が電信柱にぶつかる」のような例は、図式9に示すように、着点領域への接触のみを表す。これが、「ニ格目的語の特徴①」の理由である。

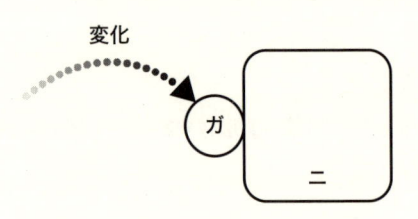

図式9　【着点的−変化】構文(接触)

上の(18a)で触れたように、「会う／ぶつかる／当たる／触れる／からむ」などの動詞は[_ガ_トV]の格パターンをとり得る。

(22) a.　太郎が花子と {会う／ぶつかる}。
　　 b.　太郎と花子が {会う／ぶつかる}。
　　 c.　花子が太郎と {会う／ぶつかる}。

これは、ガ格の移動主体とニ格の着点との能動性において、ガ格の変化が際立った場合、基本的な[_ガ_ニV]で表されるが、双方とも移動した場合、優位性が判定できず、従って、図式10のように双方が移動しているように捉えられるからである。

```
   変化          変化
  ●●●●●●●↘    ↙●●●●●●●
           (ガ)(ニ)
```

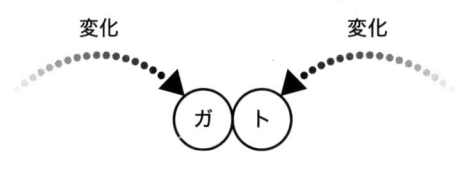

図式10 【変化】構文(双方向移動)

これにより「ニ格目的語の特徴②」が説明される。

7.3.2.2 【双方向的作用】構文

この構文の具体事例、融合可能な動詞の意味タイプ、ニ格目的語の特徴は以下のようにまとめられる。

具体事例	融合可能な動詞のタイプ
a. 太郎が恋に悩む。 b. 父親が太郎の言動に呆れる。	Ⅱ 「悩む／呆れる」
ニ格目的語の特徴	
③ガ格主語の意図性が強く、行為が一方向的な色合いが強い場合は、ニ格ではなく、ヲ格で表示される。 ④ガ格主語による行為の「対象」と解釈される一方で、「原因／行為者」的な解釈も持つ	

【双方向的作用】構文は〈リンク〉のイメージ・スキーマに基づいており、繋がっている二者、即ち、ガ格とニ格の関係が問題となる。繋がっている二者のうち、相対的に働きかけの際立っている方、即ち、能動的な方がガ格で示され、相対的に受動的な方がニ格で示される。つまり、ガ格から一方的にニ格に影響を与えているのではなく、ガ格はニ格からの影響も受けているのである。

図式 11 【双方向的作用】構文

このように、行為の「双方向性」に着目することにより、「ニ格目的語の特徴③④」が説明できる。

まず、③から見ていく。上の(18b)の「太郎がやさしく花子の髪を触れた。」や(19a)の「太郎が親を頼る。」のようなヲ格目的語が現れるのは、用いられる動詞は同じであるが、事態の捉え方が異なるからである。つまり、ガ格主語の行為性が強く、行為が一方向的と解釈されれば、［＿ガ＿ヲＶ］という格パターンを持つ【一方向的作用】構文となるのである（それぞれの矢印は、エネルギーや働きかけの方向を示す）。

図式 12 【一方向的作用】構文

次に、④について考える。(23)のような［ＡガＢニＶ］という格パターンを持つ【双方向的作用】構文の具体事例は、それぞれ(23')ような［ＢガＡヲＶさせる］という使役文と対応している。

(23) a. 太郎が恋に悩む。
　　 b. 父親が娘の言動に呆れる。
　　 c. 観客が彼女の演技に酔う。
(23') a. 恋が太郎を悩ませる。
　　　b. 娘の言動が父親を呆れさせる。
　　　c. 彼女の演技が観客を酔わせる。

これは、ニ格が単なる「対象」としてガ格からの影響を受けているだけでは

なく、ニ格からガ格へも影響を与えていることを示している。これが、「ニ格目的語の特徴④」の理由と考えられる。このように、【双方向的作用】構文におけるニ格は、ガ格からの影響を受ける「対象」とガ格への影響を与える「原因」という2つの意味解釈を受けるのである。

7.3.2.3 【授受】構文

この構文の具体事例、融合可能な動詞の意味タイプ、ニ格目的語の特徴は以下のようにまとめられる。

具体事例	融合可能な動詞のタイプ
a. 環境保護団体が自治体に働きかける。 b. 太郎が両親に頼る。	III「働きかける／頼る」
ニ格目的語の特徴	
⑤ニ格が有生名詞(メトニミー的な有生を含む)に限られる。 ⑥ヲ格と交替可能であるか、別のヲ格名詞と共起可能である。	

【授受】構文の典型的な事例は、「あげる／もらう」などの動詞による(24)のようなものである。

(24) a. 両親が太郎に学費をあげる。
　　 b. 太郎が両親に学費をもらう。

これは、《関係》により捉えられる対人関係、《作用》によるモノへの働きかけ、《変化》によるモノの変化(所有権の移動)という3つの事態からなる。格パターン［_ガ_ニ_ヲV］のうち、ヲ格は常に受け渡しの対象を示すものとなるが、ガ格とニ格は融合する動詞(「もらう系」か「あげる系」か)によって、起点と着点という2つ働きが認められる。【授受】構文の具体事例である(24b)は、図式13のように示される。左側のガ格は「太郎」、右側のニ格は「両親」を、左の破線のニ格は太郎の領域、右の破線のカラ格は両

親の領域を表す。そして、右の破線から出て左の破線に入るヲ格は「学費」を表す。ニ格からヲ格に向かっている一方向の矢印は「作用」を表し、これにより、右の破線から左破線に向かって点線の矢印のようにヲ格が位置変化する。ただし、【授受】構文は、モノの移動しか表さない【移送】構文と異なり、ガ格とニ格の「関係」が必要となる。

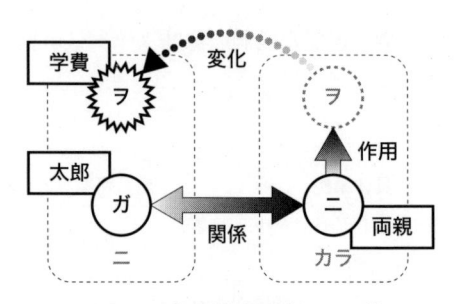

図式 13 【授受】構文（もらう系）

さて、(13a, b)のような［＿ガ ＿ニ V］の文は、(25)に示すように、［＿ガ ＿ニ ＿ヲ V］のヲ格を加えても文意が詳細になりこそすれ、不適格にはならない。このような文では、ガ格、ニ格、ヲ格の役割が(26)のようになっていることがわかる。

(25) a.　環境保護団体が自治体に開発計画の見直しを働きかける。
　　　　　　　　　　　　(cf.(13a) 環境保護団体が自治体に働きかける)
　　b.　太郎が両親に学費を頼る。　　　　(cf.(13b) 太郎が両親に頼る。)
(26) a.　［行為者ガ 相手ニ 出来事ヲ V］
　　b.　［行為者ガ 相手ニ V］
　　c.　［行為者ガ 出来事ヲ V］

これらは、典型的な【授受】構文の例である(25a, b)と並行的であることがわかる。つまり、(25b)の「太郎が両親に学費を頼る。」は、(24b)の「太郎が両親に学費をもらう。」と同じ事態、即ち、【授受】構文によって表される

事態を共有しているのである。これは、「もらう」の図式 13 が、そのまま「頼る」にあてはまることに裏付けられる(ただし、典型的な【授受】構文ではないので、ヲ格名詞句の所有権の移動は認められない)。

同様に、(25a)の「～働きかける」と(24a)の「～あげる」にも同じ図式を見ることができる。図式 14 では、ガ格の「両親」「団体」、ニ格の「太郎」「自治体」、ヲ格の「学費」「見直し」は並行的に解釈される。

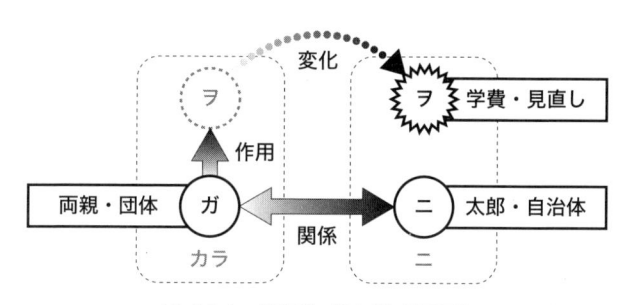

図式 14 【授受】構文(あげる系)

このように、(13a, b)のような文は、【授受】構文の図式で捉えられるのである。従って、「ニ格目的語の特徴⑤」は、ニ格が有生名詞に限られる【授受】構文の特徴から説明できる。

一方で、「頼る、感謝する、ご馳走する」などの動詞は、(26a～c)の格パターンに加えて、(26d)が可能である。

(26) d. 〔行為者ガ 相手ヲ V〕
(27) a. 太郎が 両親に 学費を 頼る。
　　 b. 太郎が 両親を 頼る。
(28) a. 太郎が 花子に 手料理を ご馳走した。
　　 b. 太郎が 花子を ご馳走した。

本書で主張するように、「格パターンは動詞によるものではなく、構文によるものである」という立場では、これらの現象も無理なく説明できる。即

ち、(27b)と(28b)は、ガ格の行為に注目した、【一方向的作用】構文の具体例である。「ニ格目的語の特徴⑥」の「ヲ格と交替可能であるか」は、正確には、表面的には交替しているように見えるが、【一方向的作用】構文により異なる事柄を表しているためであり、「別のヲ格名詞と共起可能である」は、【授受】構文のヲ格名詞句が表面化するためであると説明できるのである。

7.3.3　まとめ

ここでは、**格パターンは動詞ではなく構文に固有のものである**、という立場に立ち、ニ格目的語を含む [＿ ガ ＿ ニ V] という格パターンは、①【変化】構文、②【双方向的作用】構文、③【授受】構文の具体事例に見られるものであることを示した。

注

1　この主張は、特に、「経過点」「起点」とされるものも、〈経路〉からの拡張であり、「起点」と関連付けて考えないという点で、従来の研究とは区別される。

2　ここでは、議論を煩雑にしないため、従来の用法名をそのまま用いるが、本書では、これらがヲ格の持つ用法であるという見方はしない。

3　「経路」と「状況」の境界の曖昧性は、杉本(1986)でも指摘されている(杉本1986:312)。
　　a.　その洞穴の脇道を歩いた。　　　　　　　…経路(杉本の「移動補語」)
　　b.　その洞穴の脇道の暗がりを歩いた。　　　…状況(杉本の「状況補語」)
ただし、杉本(1986)は、「移動補語」と「状況補語」を異なる2つのものとしている点で、本書の分析とは異なる。本書では、「経路」と「状況」、そして「期間」も同一線上にあり、それぞれがともに出現することはないと考える。

第 8 章　まとめ

本書は、構文文法的アプローチの構文観ならびに言語観に基づき、新たな構文モデル、即ち、「イメージ・スキーマに基づく格パターン構文」を提案した。そして、この構文モデルが日本語の"動詞の多義性"、"格助詞の交替現象"、"格助詞の意味解釈"などの分析に有効であることを例証した。以下、8.1 で本書の各章でなされた議論を振り返り、8.2 で本書の構文モデルの有用性を確認し、8.3 でその本書の成果と意義、そして 8.4 で今後の課題について述べ、本書のまとめとしたい。

8.1　各章を振り返って

序章では、本書の目的について述べた。本書の出発点となった言語現象である"動詞の多義"、"格助詞の交替現象"、"格助詞の意味解釈"を例示し、本書の大きな方向性についても簡単に触れた。

2 章では、本書の構文モデルの出発点となった Goldberg(1995) の基本的な考え方について詳しく検討した。Goldberg(1995) では、形式と意味からなる構文という単位を導入し、動詞の意味とは独立した構文の意味があることを英語の構文とその具体例を挙げ論証している。また、構文文法は、言語観においても、統語論と意味論さらに語用論との明確な境界を認めないなど、従来のものと大きく異なるものであるため紙幅を割いた。

3 章では、Goldberg(1995) の構文モデルの可能性と限界について述べた。即ち、文レベルの多様な解釈には構文の意味の重要性が明らかになった一方

で、「構文」はどこまで、また、どのように拡張していくのかという問題も明らかになった。文レベルの多様な解釈に応じた「〜構文」という構文の立て方は、文の解釈に応じた動詞の"多義"の創出という従来の分析を構文レベルに移すようなことになりかねず、構文文法の大きな利点である構文が意味を持つという考え方が埋もれてしまう可能性があることを指摘した。

　ここまでが、Goldberg(1995)に代表される従来の構文モデルを中心に扱った第1部である。

　続く、4章から、本書で提案した新たな構文モデルについて述べてきた。

　4章では、構文の形式と意味、そして意味拡張という観点から、本書の構文モデルに必要な諸概念を導入した。4.1の「格パターン」の議論は、記述的な日本語学・国語学の研究を視野に入れ、「動詞の"多義"には格助詞の組み合わせが関わっている」という本書と共通する問題意識を確認した。4.2では、山梨(1995, 2000)、影山(1996, 1999)を検討し、本書での4つのイベント・スキーマを提案した。このうち、《状態》、《変化》、《作用》の3つは、従来の研究でも同様のものが指摘されていたが、《関係》は本書で新たに提案されたものである。

　5章では、イベント・スキーマの根源的な基盤となるイメージ・スキーマについて議論した。主にJohnson(1987)の研究をとりあげ、〈容器〉、〈起点-経路-着点〉、〈リンク〉を検討した。そして、新たに、〈ベクトル〉という重要なイメージ・スキーマの存在を指摘した。また、ここでは、イメージ・スキーマが構文に関わっているという新たな観点を提示し、イメージ・スキーマのより大きな可能性を示した。言語表現の意味的な基盤としてイメージ・スキーマが重要な役割を果たしているという指摘は既になされていた(Johnson 1987, Lakoff 1987, 池上 1995, 山梨 1995, 2000)。しかし、このイメージ・スキーマが構文の根源的な意味となっているという指摘は本書独自のものである。

　6章では、本書独自の構文モデルである「イメージ・スキーマに基づく格パターン構文」を提案した。

　そして、7章では、この構文モデルの用いて格助詞に関わる日本語の文法

現象について考察した。

以下では、本書の構文モデルのさらに可能性として、日本語教育に対する本書の応用について補足して議論したい。

8.2　本書の構文モデルの可能性：日本語教育への応用

日本語学習者にとって格助詞の習得は特に困難であるとされる。実際、学習者の誤用には、（1）のような格助詞の誤用が数多く観察される。

(1) a.　あそこで　はじめでに　すなぶろ {*を→に} はいりました。
　　　　　　　　　　　　　　　　　　　　　　　　　（伊藤 2002b:67）
　　b.　部屋に入ったら、この椅子 {*を→に} 座って下さい。
　　c.　外国人が韓国人 {*を→に} はじめて会う時はとても無愛想だと思ってびっくりする。　　　　　　　　　　　（伊藤 2002b:67）
　　d.　私は友だち {*を→に} 相談しました。

これに対して、ヲ格以外のガ格、カラ格、デ格による誤用（「椅子 {が／から／で} 座る」など）はほとんど見られない。

また、（2）のように ［＿ガ＿ヲＶ］ という格パターンを持つ構文では、ヲ格を他の格にする誤用はほとんど見られない。

(2) a.　私はリンゴ {*に／*が／*から／*で→を} 買います。
　　b.　兄は本 {*に／*が／*から／*で→を} 読んでいます。

このように、格助詞の誤用は、（1）のように特定の格助詞しか見られず、また、（2）の誤用が少ないように特定の構文に多く見られる点に注意する必要がある（伊藤（2002b）参照）。一般に、従来の日本語教育では、このような例の指導は、格助詞の問題と考えられていた。しかし、格助詞の用法の問題とすると、学習者の習得すべき用法の数は膨れあがり、大きな負担となって

しまう。また、"「座る」は「 _ ガ _ ニ」、「会う」も「 _ ガ _ ニ」"というように、個々の動詞ごとに提示する方法も試みられているが、これも記憶の負担は軽減される反面、その動詞と他との関係が明確でなく定着するのに数多くの訂正を要する。

　これに対して、構文の図式を用いた指導では、構文そのものに意味と形式が表れており視覚的に捉えやすく、初級レベルの非常に早い段階から用いることができる。

　問題を整理すると、最も多くの誤用が見られるのは、［ _ ガ _ ニ V ］という格パターンを持つ構文のニ格をヲ格にしてしまう例である。そして、［ _ ガ _ ニ V ］は、【着点的－変化】構文と【双方向的作用】構文の格パターンに見られる。従って、この2つの構文の図式が必要となる。指導方法としては、まず最初に構文の図式を導入しておき、個々の動詞の意味の導入や練習の際に必要に応じて構文の図式を参照させることで効果的な指導が可能になると思われる(【着点的－変化】構文は6.1.2.2を参照。【双方向的作用】構文は以下の図式7に示す)。

図式7　【双方向的作用】構文

　前者の構文に融合する動詞としては、「入る、座る、乗る、ぶつかる、当たる」などが、後者の構文に融合する動詞には、「相談する、憧れる、悩む、苦しむ」などが挙げられるが、これらの動詞の導入や練習の際に図式を参照させれば理解の助けになるであろう。

　このように、本書は日本語教育での格助詞の指導にも応用できると思われる。

8.3 本書の成果と意義

◆本書の成果

本書の成果としては、以下の点が挙げられる。

① 構文の形式を「格パターン」により形式化し、これにより、従来の構文文法では貧弱であった構文の形式面を充実させた。また、格パターンを取り入れることで、記述的な日本語学・国語学からの研究成果を受け継ぎ、同時にそれらの分野の双方向的な発展にも貢献できるものと思われる。

②「イメージ・スキーマ」が構文の根源的な意味基盤となっていることを指摘した。これにより、従来は主に語彙的なレベルの意味の拡張に用いられていた意味論的な手法が構文的な意味の拡張にも利用できるようになった。

③ 構文の意味を、イメージ・スキーマによって動機付けられた「イベント・スキーマ」によって定式化した。また、事態の描き方に関して、単体のイベント・スキーマからなる「基本的事態」と複数のイベント・スキーマの組み合わせによる「複合的事態」とがあることを指摘した。

④ 従来の研究では見逃されていた、《関係》というイベント・スキーマと、〈ベクトル〉というイメージ・スキーマの重要性を指摘した。また、これにより、従来の研究では説明の難しかった、[_ ガ _ ニ V] と [_ ガ _ ヲ V] の差異などを明らかにした。

◆本書の意義

本書の意義は、以下のようにまとめることができる。

① 構文文法の理論的な発展への貢献

本書の意義は、まず、構文文法的アプローチにより日本語の事例研究を行ったことである。ただし、構文文法を日本語に適合させた「格パターン」構文という新たな提案を行ったことにおいて、従来の研究の引き写しではないことを強調しておく。そして、本書は日本語の言語現象の解明に有効性を持つ

とともに、構文文法のさらに理論的発展に寄与することを目的としている。

②事態の描き方に注目した研究と認知の基盤となるものに注目した研究を構文文法に取り入れた点

Langacker(1990a, b)の「ビリヤードモデル」、山梨(1995, 2000)などの「イベント・スキーマ」、影山(1996, 1999, 2002a)の「語彙概念構造の基本形」、中右(1994)の「基本命題」などの事態の描き方に関する研究と、Johnson(1987)、Lakoff(1987)、山梨(1995, 2000)などに代表される認知の基盤となるもの、即ち、イメージ・スキーマの重要性に注目した研究を関連付けることに成功した。特に、従来のイメージ・スキーマの研究は、語彙的な意味の拡張の説明には取り入れられていたが、本書ではこれを構文レベルで論じた点は新たな試みと言える。

③構文の形式面の精緻化

英語を対象としたGoldberg(1995)の構文モデルでは形式面で貧弱な部分があった。これに対して、本書の構文モデルでは、「格パターン」によって体系的に定式化することに成功した。これにより、ガ格・ヲ格・ニ格・カラ格という4つの限られた要素から多くの事態が描けるとこを論証した。

④構文の意味面の充実化

本書では構文の意味を4つのイベント・スキーマ(《状態》、《変化》、《関係》、《作用》)とその組み合わせにより過不足なく説明できることを論証した。また、このイベント・スキーマがイメージ・スキーマにより動機付けられていると考えることで、構文の意味の問題がより柔軟に考えられるようになった。

⑤構文的意味の拡張の新しい捉え方

Goldberg(1995)の構文モデルでは、構文のネットワーク関係が4つの「継承リンク」によって説明される。この4つの「継承リンク」、即ち、「多義性リンク」「メタファーリンク」「部分リンク」「事例リンク」について、1章では詳しく述べなかったが、少し補足して述べたい。まず、この4つの「継承リンク」は同レベルのものではなく、「多義性リンク」は、他の3つの継承リンクの上位概念であるという点を指摘したい。つまり、「メタファー・部分・事例」の他の3つのリンクは、いずれも「多義」の下位概念と言え

る。また、「メタファーリンク」は、メタファー(隠喩)、「部分リンク」はシネクドキー(提喩)、「事例リンク」はメトニミー(換喩)と考えることもできる。すると、Goldberg(1995)の「継承リンク」は、構文に特有なものではなく、一般的な意味論的の問題と見ることができる。つまり、語彙の意味拡張がメタファー・シネクドキー・メトニミーにより説明されるように、構文の意味拡張も同様に捉えられるという点を補足して指摘しておきたい。これは、本書で提案した構文の意味はイメージ・スキーマを認知的な基盤とするという考え方からすれば明らかなことである。

さて、本題の戻ると、本書では、構文的な意味の拡張を構文のみの問題とはせず、比喩的な拡張、プロファイル・シフト、イメージ・スキーマ変換といった、一般的な意味論の問題として議論した。

⑤日本語学・国語学の記述的な研究への貢献

また、本書は、記述的な日本語学・国語学からの研究成果を受け継ぎ、同時にそれらの分野の発展にも貢献することを目指している。大堀(2002)は、構文文法の「伝統文法の価値の1つであったトータルな記述と、理論的な文法研究がもたらした分析の精緻化は、ともに構文の概念を中心においた現代的なアプローチによって継承され、新たな研究が進められている(大堀 2002:136)」と述べている。本論でも述べたが、日本語学・国語学の記述的な研究分野では、動詞の意味を格助詞の組み合わせにより考察することを受け入れる下地がある。一方で、理論的な言語研究は、これらの分野では敬遠されるような向きもあり、必ずしも高い関心が向けられているとは言いにくい。本書が優れた観察を豊富に持つ記述的な研究と、抽象的・形式的になりがちな理論的な研究の橋渡しになることを期待する。

8.4　今後の課題

本書では以下のような問題について十分に議論できなかった。これらは今後の課題としたい。

①構文を構成するガ格、ヲ格、ニ格、カラ格の"意味役割(項役割)"の考察
格パターンに関わる格助詞がどのような意味機能を持っているかは本書では扱えなかった。しかし、これらは、極めて高いレベルのスキーマ的な意味を持っていると考えられる。現時点では以下のような見通しを試論として述べておきたい。

　ガ格は第一にプロファイルされるもの、ヲ格はガ格により何らかの影響を受けるもの、ニ格は静的な位置を表し、ガ格・ヲ格との間に密着性を持つもの、カラ格はガ格・ヲ格の変化の起点となるものといった見通しを持っている。ヲ格は、生成文法では依存的な格(dependent case)と呼ばれることもあるように、ガ格が現れる環境でしか見られないことを考えると、このような規定の仕方がいいと思われる。

　また、ニ格とカラ格はパラレルではない点には注意する必要がある。それは、カラ格は常に何らかの変化が生じる場合にしか用いられないのに対して、ニ格は変化の場合に加え、状態の場合にも用いられる。従って、ニ格は着点とする分析が主流と思われるが、それは、何らかの変化が関わる場合のみであり、ニ格そのものは単に位置を表していると考えられる。

　このような格助詞のスキーマ的な意味の精緻化に向けてさらに研究を進めたい。

②本構文モデルの形容詞文・名詞文への適用
現時点では突き詰めた議論はできないが、イベント・スキーマ《状態》を構文的意味として定式化することが可能かと思われる。

③他の構文の考察
本書では基本的構文、複合的構文についてのみ考察したが、これ以外の構文についても議論する必要がある。特に、［ _ ガ V ］という格パターンを持つ構文と、ト格が関わる［ _ ガ _ ト V ］［ _ ト _ ガ V ］などの構文については重要な課題としたい。

　ガ格は全ての格パターンに見られるが、これが［ _ ガ V ］として独立した構文となり得るのか、あるいは、他の構文のガ格のみがプロファイルされたものなのかは今のところ明らかになっていない。また、ト格が関わる構文

は基本的には〈リンク〉のイメージ・スキーマに動機付けられていると考えられるが、単純に《関係》のイベント・スキーマを意味の基盤としているのかはさらに考えていく必要がある。

④**受身文、使役文などボイスに関わる構文の考察**
受身文、使役文にも、[_ ガ _ ニ V]や[_ ガ _ ニ _ ヲ V]といった格パターンが認められる。このうち、受身文は、いわゆる真理条件的な意味では能動文と参与者を共有している。このような構文における格表示の対応関係を構文としてどう捉えるかについてさらに研究を進めたい。

⑤**日本語と同様に豊かな形態的な格表示を持つ他言語との対照研究について**
とりわけ、構造的にも形態的にも類似性の高い韓国語(朝鮮語)についての考察は興味深い。

　以上が、今後の課題である。

参考文献

池上嘉彦(1993)「〈移動〉のスキーマと〈行為〉のスキーマ―日本語の「ヲ格＋移動動詞」構造の類型論的考察―」『外国語科研究紀要』41(3), 東京大学教養学部外国語科, 34-53

池上嘉彦(1995)「言語の意味分析における〈イメージスキーマ〉」『日本語学』14(10), 明治書院, 92-98

池上嘉彦(編)(1996)『英語の意味』大修館書店

石綿敏雄(1999)『現代言語理論と格』ひつじ書房

伊藤健人(2001)「主語名詞句におけるガ格とカラ格の交替について」『明海日本語』6, 明海大学日本語学会, 45-63

伊藤健人(2002a)「日本語の格助詞表現の意味解釈について」『明海日本語』7, 明海大学日本語学会, 101-110

伊藤健人(2002b)「言語教育と言語研究のインターフェイス―格助詞表現の誤用分析―」『銘傳日本語教育』5, (台湾)銘傳大学応用日語系, 51-72

伊藤健人(2003)「動詞の意味と構文の意味―「出る」の多義性に関する構文文法的アプローチ―」『明海日本語』8, 明海大学日本語学会, 39-52

伊藤健人(2005a)『イメージ・スキーマに基づく格パターン構文 日本語構文に関する構文文法的アプローチ』博士論文神田外語大学.

伊藤健人(2005b)「非‐対象のヲ格名詞句について―起点‐経路‐着点のイメージ・スキーマによる構文文法的考察―」,『日本語文法学会発表論文集(第6回)』, 日本語文法学会, 195-204

伊藤健人(2006a)「構文の形式としての格パターン―日本語項構造構文モデルの構築に向けて―」,『群馬県立女子大学国文学研究』26, 群馬県立女子大学国語国文学会, 1-17

伊藤健人(2006b)「日本語の項構造構文における形式と意味―格パターンとイメージ・スキーマ―」,『日本認知言語学会論文集』6, 日本認知言語学会, 128-138

伊藤健人(2007)「[＿ガ＿ニV]構文におけるニ格名詞句について―構文文法的な考察―」,『日本認知言語学論文集』7, 日本認知言語学会, 332-342

糸山昌己(2001)「移動動詞の意味構造」『意味と形のインターフェイス(上巻)』くろしお出版, 53-60

井上和子(1976a)『変形文法と日本語(上)』大修館書店

井上和子(1976b)『変形文法と日本語(下)』大修館書店
井上和子(1980)「格助詞をめぐって」『言語』9(2),大修館書店,20–30
井上和子(1989b)「主語の意味役割と格配列」久野暲・柴谷方良(編)『日本語学の新展開』くろしお出版,79–101
井上和子(1995)「他動性と使役構文」,徳永美暁(編)『言語変容に関する体系的研究及びその日本語教育への応用』文部省科学研究費一般研究(B)研究報告書,109–136
井上和子(2002)「能動文、受動文、二重目的語構文と「から」格」『神田外語大学言語科学研究センター紀要』1, 49–76
井上和子・原田かづ子・阿部泰明(1999)『生成言語学入門』大修館書店
岩田彩志(2001a)「構文理論の展開」『英語青年』147(9),研究社,531–535
岩田彩志(2001b)「構文文法の可能性」『言語』31(2),大修館書店,73–79
上野誠司・影山太郎(2001)「移動と経路の表現」影山太郎(編)『日英対照 動詞の意味と構文』大修館書店,12–39
大堀壽夫(編)(2002)『認知言語学Ⅱ―カテゴリー化―(シリーズ言語科学3)』東京大学出版会
大堀壽夫(2001)「構文理論―その背景と広がり―」『英語青年』147(9),研究社,526–530
奥田靖雄(1983)「に格の名詞と動詞のくみあわせ」言語研究会(編)『日本語文法・連語論(資料編)』むぎ書房
影山太郎(1980)『日英比較―語彙の構造―』くろしお出版
影山太郎(1993)『文法と語形成』ひつじ書房
影山太郎(1996)『動詞意味論―言語と認知の接点―』くろしお出版
影山太郎(1999)『形態論と意味』くろしお出版
影山太郎(2001)「自動詞と他動詞の交替」影山太郎(編)『日英対照 動詞の意味と構文』大修館書店,12–39
影山太郎(2002a)「動詞意味論を超えて」『言語』31(12),大修館書店,22–29
影山太郎(2002b)「概念構造の拡充パターンと有界性」『日本語文法』2(2),日本語文法学会,29–45
影山太郎・由本陽子(1997)『語形成と概念構造』研究社出版
河上誓作(編・著)(1996)『認知言語学の基礎』研究社出版
河上誓作・早瀬尚子・谷口一美・堀田優子(訳)(2001)『構文文法論』研究社出版
金水敏(1993)「古典語の「ヲ」について」仁田義雄(編)『日本語の格をめぐって』くろしお出版,191–224
国広哲弥(1982)『意味論の方法』大修館書店
国広哲弥(1997)『理想の国語辞書』大修館書店

久野暲(1973)『日本文法研究』大修館書店

久野暲(1978)『談話の文法』大修館書店

熊代敏行(2002)「日本語の『に―が』構文と分裂主語性」西村義樹(編)『認知言語学Ⅰ―事象構造―(シリーズ言語科学 2)』東京大学出版会, 243–260

グループ・ジャマシイ(編・著)(1998)『日本語文型辞典』くろしお出版

郡司隆男(1997)「文法の基礎概念 2 述語と項の関係」『岩波講座 言語の科学 5 文法』岩波書店, 79–118

小泉保・船越道雄・本田晶治・仁田義雄・塚本秀樹(編)(1989)『日本語基本動詞用法辞典』大修館書店

国立国語研究所(1951)『現代語の助詞・助動詞―用法と実例―』秀英出版

国立国語研究所(1997)『日本語における表層格と深層格の対応関係』国立国語研究所報告 113, 三省堂

児玉一宏(2003)「認知語彙論と構文の習得」吉村公宏(編)『認知音韻・形態論』大修館書店, 241–283

小矢野哲夫(1991)「名詞と格」『日本語の文法・文体(上)』講座日本語と日本語教育 4, 明治書院, 73–97

小矢野哲夫(1995)「格くずれ―ひとえ文とあわせ文のあいだ―」仁田義雄(編)『複文の研究(上)』くろしお出版, 1–26

此島正年(1983)『助動詞・助詞概説』桜楓社

定延利之(1990)「移動を表す日本語動詞述文の格形表示と、名詞句指示物間の動静関係」『言語研究』98, 日本言語学会, 46–65

定延利之(1993)「深層格が反映すべき意味の確定にむけて」仁田義雄(編)『日本語の格をめぐって』くろしお出版, 95–138

柴谷方良(1990)「助詞の意味と機能について―「は」と「が」を中心に―」『文法と意味の間―国広哲弥教授還暦退官記念論文集―』くろしお出版, 281–301

白川博之(1995)「理由を表さない「カラ」」仁田義雄(編)『複文の研究(上)』くろしお出版, 189–220

城田俊(1993)「文法格と副詞格」仁田義雄(編)『日本語の格をめぐって』くろしお出版, 67–94

菅井三実(1994)「日本語における直接受け身文と間接受け身文の統一的説明」『日本語・日本文化論集』2, 名古屋大学留学生センター, 23–42

菅井三実(1997)「格助詞『で』の意味特性に関する一考察」『名古屋大学文学部研究論集』127, 23–40

菅井三実(1999)「対格の意味分析とネットワーク化」第 2 回認知言語学フォーラム(於:

京都大学 1999 年 9 月) ワークショップ「格をめぐって―認知的視点から―」ハンドアウト

菅井三実(2000)「格助詞『に』の意味特性に関する覚書」『兵庫教育大学研究紀要』20(2), 13–24

菅井三実(2001)「現代日本語の『ニ格』に関する補考」『兵庫教育大学研究紀要』21(2), 13–23

菅井三実(2002a)「構文スキーマによる格助詞『が』の分析と基本文型の放射状範疇化」『世界の日本語教育』12, 国際交流基金日本語国際センター, 177–93

菅井三実(2002b)「起点・経路・着点スキーマ(source–path–goal schema)」辻幸夫(編)『認知言語学キーワード事典』, 研究社, 42

杉本孝司(1998)『意味論2―認知意味論―』くろしお出版

杉本武(1986)「格助詞」奥津敬一郎・沼田善子・杉本武『いわゆる日本語助詞の研究』凡人社, 227–380

杉本武(1991)「ニ格をとる自動詞―準他動詞と受動詞―」仁田義雄(編)『日本語のヴォイスと他動性』くろしお出版, 233–250

杉本武(1993)「状況の「を」について」『九州工業大学情報工学部紀要』6, 25–37

杉本武(2000)「「から」受動文と移動動詞構文」青木三郎・竹沢幸一(編)『空間表現と文法』くろしお出版, 1–27

鈴木宏昭(1999)「人間の認知におけるカテゴリーと類似」『日本語学』18(9), 明治書院, 69–78

砂川有里子(1984)「「ニ」と「カラ」の使い分けと動詞の意味構造について」『日本語・日本文化』12, 大阪外国語大学, 71–87

竹沢幸一(1995)「「に」の二面性」『言語』24(11), 大修館書店, 70–77

田中茂範(1990)『認知意味論 英語動詞の多義の構造』三友社出版

田中茂範(1997)「空間表現の意味・機能」中右実(編)『日英語比較選書6 空間と移動の表現』研究社, 1–123

張麟声(1995)「ガとカラ」宮島達夫・仁田義雄(編)『日本語類義表現の文法(上)』くろしお出版, 43–52

辻幸夫(編)(2001)『ことばの認知科学事典』大修館書店

角田太作(1991)『世界の言語と日本語』くろしお出版

寺村秀夫(1982)『日本語のシンタクスと意味1』くろしお出版

寺村秀夫(1984)『日本語のシンタクスと意味2』くろしお出版

寺村秀夫(1991)『日本語のシンタクスと意味3』くろしお出版

中右実(1994)『認知意味論の原理』大修館書店

西山佑司(1995)「「言外の意味」を捉える」『言語』24(4), 大修館書店, 30–39
仁田義雄(1993)「日本語の格を求めて」仁田義雄(編)『日本語の格をめぐって』くろしお出版, 1–38
仁田義雄(1995)「格のゆらぎ」『言語』24(11), 大修館書店, 20–27.
仁田義雄(2002)『辞書には書かれていないことばの話』岩波書店
根本典子(2001)「多義性とフレーム」中右実教授還暦記念論文集編集委員会(編)『意味と形のインターフェイス 上巻』くろしお出版, 185–194
野田尚史(1989)「文構成」宮地裕(編)『講座日本語と日本語教育1』, 明治書院, 67–95
長谷川信子(1999)『生成日本語学入門』大修館書店
早瀬尚子(2001)「英語における形容詞コピュラ構文の一考察」『英語青年』147(9), 研究社, 541–543
早瀬尚子(2002a)「構文解析の中核としての動詞―構文理論から見た動詞―」『言語』31(12), 大修館書店, 58–65
早瀬尚子(2002b)『英語構文のカテゴリー形成』勁草書房
本多啓(2003)「認知言語学の基本的な考え方」辻幸夫(編)『認知言語学への招待』大修館書店, 114–115
益岡隆志(1987)『命題の文法』くろしお出版
益岡隆志(1991)『モダリティの文法』くろしお出版
益岡隆志・田窪行則(1987)『日本語文法セルフマスターシリーズ3 格助詞』くろしお出版
益岡隆志・田窪行則(1992)『基礎日本語文法―改訂版―』くろしお出版
松下大三郎(1930)『標準日本口語法』中文館書店
松中完二(2002)「現代の多義語の構造」飛田良文・佐藤武義(編)『現代日本語講座 第4号 語彙』明治書院, 129–151
松本曜(1997)「空間移動の表現とその拡張」田中茂範・松本曜(編)『空間と移動の表現』研究社, 126–230
松本曜(2002)「使役移動構文における意味制約」西村義樹(編)『認知言語学Ⅰ―事象構造―(シリーズ言語科学2)』, 東京大学出版会, 187–211
南不二男(1993)『現代日本語文法の輪郭』大修館書店
三宅知宏(1996)「日本語の移動動詞の対格表示について」『言語研究』110, 日本言語学会, 143–168
宮島達夫(1972)『動詞の意味・用法の記述的研究』秀英出版
村木新次郎(1991)『日本語動詞の諸相』ひつじ書房
籾山洋介(1995)「多義語のプロトタイプ的意味の認定の方法と実際―意味転用の一方向性：空間から時間へ―」『東京大学言語学論集』14, 621–639

籾山洋介(2001)「多義語の複数の意味を統括するモデルと比喩」山梨正明・辻幸夫・西村義樹・坪井栄治郎(編)『認知言語学論考』1, ひつじ書房, 29-58
森田良行(1989)『基礎日本語辞典』角川書店, 770-773
森田良行(1994)『動詞の意味論的文法研究』明治書院
森山卓郎(1988)『日本語動詞述語文の研究』明治書院
森雄一(1997)「受動文の動作主マーカーとして用いられるカラについて」『茨城大学人文学部紀要 人文学科論集』30, 茨城大学, 83-99
森雄一(1998)「「に」他動詞について」『茨城大学人文学部紀要 人文学科論集』31, 茨城大学, 69-78
山田進(1981)「機能語の意味の比較」国広哲弥(編)『日英語比較講座 3 意味と語彙』大修館書店, 53-99
山梨正明・辻幸夫・西村義樹・坪井栄治郎(編)(2001)『認知言語学論考』1, ひつじ書房
山梨正明(1983a)「生成意味論」安井稔・西山佑司・中村捷・山梨正明・中右実『意味論』英語学大系 5, 大修館書店, 337-466
山梨正明(1983b)「格文法理論」安井稔・西山佑司・中村捷・山梨正明・中右実『意味論』英語学大系 5, 大修館書店, 467-547
山梨正明(1987)「深層格の核と周辺―日本語の格助詞からの一考察―」小泉保教授還暦記念論文集編集委員会(編)『言語学の視界』大学書林, 59-72
山梨正明(1988)『比喩と理解』東京大学出版会
山梨正明(1992)『推論と照応』くろしお出版
山梨正明(1993)「格の複合スキーマモデル―格解釈のゆらぎと認知のメカニズム―」仁田義雄(編)『日本語の格をめぐって』くろしお出版, 39-66
山梨正明(1994)「日常言語の認知格モデル(1)―(12)」『言語』23(1-12), 大修館書店
山梨正明(1995)『認知文法論』ひつじ書房
山梨正明(1999)「外界認知と言葉の世界―空間認知と身体性の問題を中心に―」『日本語学』18(9), 明治書院, 4-14
山梨正明(2000)『認知言語学原理』くろしお出版
吉村公宏(1995)『認知意味論の方法―経験と動機の言語学―』人文書院
吉村公宏(2002a)「構文(construction)」辻幸夫(編)『認知言語学キーワード事典』, 研究社, 75-76
吉村公宏(2002a)「構文スキーマ(construction schema)」辻幸夫(編)『認知言語学キーワード事典』, 研究社, 77-78
吉村公宏(2003)「認知語彙論」吉村公宏(編)『認知音韻・形態論』大修館書店, 195-239
李在鎬(2002)「「構文」の意味的動機づけに関する認知言語学的考察―他動詞文のゆらぎ

現象を中心に―」修士論文 京都大学大学院 人間・環境学研究科
李在鎬・伊藤健人(2007)「決定木を用いた多義語分析―多義動詞「出る」を例に―」『日本認知言語学会 CONFERENCE HANDBOOK 2007』日本認知言語学会, 35-38
渡辺実(1973)『国語文法論』笠間書房
渡辺義夫(1983)「カラ格の名詞と動詞のくみあわせ」言語学研究会(編)『日本語文法・連語論(資料編)』むぎ書房, 353-394

Anderson, John M. (1971). *The Grammar of Case: Towards a Localistic Theory*. Cambridge University Press.
Baker, M. C. (1988). *Incorporation: A theory of Grammatical Function Changing*. University of Chicago Press.
Croft, William. (1990). "Possible Verbs and the Structure of Events." In Savas L.Tsohatzidis. (ed.), *Meaning and Prototypes: Studies in Linguistic Categorization*, London: Routledge, 48-73.
Croft, William. (1991). *1. Syntactic Categories and Grammatical Relations: The Cognitive Organization of Information*. University of Chicago Press.
Dowty, D. R. (1986). "Thematic Roles and Semantics." *BLS* 12, 340-354.
Dowty, D. R. (1989). "On the semantic content of the notion of 'thematic role.'" In Chierchia, G, Partee, B. H. & Turner, R. (eds.), *Properties, Types and Meaning*, Vol.II, 69-129, Kluwer.
Dowty, D. R. (1991). "Thematic proto-roles and argument selection." *Language*, 67 (3), 547-619.
Fillmore, C., P. Kay and C. O'Connor. (1988). "Regularity and Idiomatical Grammatical Construction: The Case of Let Alone." *Language* 64: 501-538.
Fillmore, Charles J. (1968). "The case for case" In E. Bach & R. T. Harms. (eds.) *Universals in Linguistic Theory*. New York: Holt, Rinehart & Winston, 1-88.
Fillmore, Charles J. (1977). "The case for case reopened." In Cole, P. & Sadock, J. (eds.) *Syntax and Semantics*, Vol.8, Academic Press, 59-82.
Fillmore, Charles J. (1982). "Frame Semantics." In Linguistics Society of Korea. (ed.) *Linguistics in the Morning Calm*. Seoul: Hanshin, 111-138.
Goldberg, Adele E. (1995). *Constructions: A Construction Grammar approach to argument structure*. University of Chicago Press.
Goldberg, Adele E. (1997). "The Relationships between Verbs and Constructions." In Marjolijn Verspoor & Eve Sweetser. (eds.), *Lexicon and Grammar*. John Benjamins. 383-398.

Goldberg, Adele E. (1998). "Semantic Principles of Predication." In Jean-Pierre Koenig. (ed.), *Discourse and Cognition: Bridging the Gap.* CSLI Publications. 41-55.

Goldberg, Adele E. (1999). "The Emergence of the Semantics of Argument Structure Constructions." In Brian MacWhinney (ed.), *The Emergence of Language*, Lawrence Erlbaum Associates, 197-212

Grimshaw, J. (1990). *Argument Structure.* MIT Press.

Inoue, Kazuko (1979). "Case marking and property reading"『明確で理論的な日本語の表現』昭和59年度科学研究費補助金特定研究最終報告書

Inoue, Kazuko (1991). "Interaction of theta-marking and case assignment"『神田外語大学言語学研究所紀要』2, 1-32.

Inoue, Kazuko (1997). "Case Marking vs. Case Checking in Japanese Generative Grammar: An Alternative Proposal," On line Conference The Anniversary of Generativism, Kazan University.

Inoue, Kazuko (1998a). On Japanese Particle O, in M. Janse ed., *Afestschrift for Professor Uhlenbeck on the Occasion of His Eighty-fifth Birthday.* Berlin and New York: Mouton de Gruyter.

Inoue, Kazuko (1998b). "Sentences without Nominative Subjects in Japanese," in K. Inoue ed., *Report (2); Researching and Verifying an Advanced Theory of Human Language.* Kanda Unoversity of International Studies, 1-29.

Inoue, Kazuko (2001). "The Japanese Particle O Revisited," In K.Inoue ed. *Report (5); Researching and Verifying an Advanced Theory of Human Language.* Kanda University of International Studies, 141-162.

Iwamoto, Enoch (1995). "A Theory of Thematic Computation and Japanese Spatial Expressions" 徳永美暁(編)『言語変容に関する体系的研究及びその日本語教育への応用』文部省科学研究費一般研究(B) 研究報告書, 209-244.

Johnson, Mark (1987). *The body in the Mind: The Bodily Basis of Meaning, Imagination, and Reason.* University of Chicago Press. (菅野盾樹・中村雅之(訳)(1991)『心の中の身体』, 紀伊国屋書店)

Kageyama, Taro (ed.) (1997). *Verb Semantics and Syntactic Structure*, Kurosio Publishers.

Kuroda, S.-Y. (1965a). *A Generative-Grammatical Study of the Japanese Language*, Doctoral dissertation, MIT.

Lakoff, George and Johnson, Mark. (1980). *Metaphors We Live By.* University of Chicago Press. (渡部昇一・楠瀬淳三・下谷和幸(訳)(1986『レトリックと人生』大修館書店)

Lakoff, George. (1987). *Women, Fire, and Dangerous Things: What Categorizes Reveal about the*

Mind. University of Chicago Press. (池上嘉彦・河上誓作・辻幸夫・西村義樹・坪井栄治郎・梅原大輔・大森文子・岡田禎之(訳)(1993『認知意味論―言語から見た人間の心』,紀伊國屋書店)

Langacker, Ronald, W. (1987). *Foundations of Cognitive Grammar,* Vol.1. Theoretical Perspective. Stanford University Press.

Langacker, Ronald, W. (1990a). *Concept, Image, and Symbol: The Cognitive Basis of Grammar.* Berlin and New York: Mouton de Gruyter.

Langacker, Ronald, W.(1990b). "Settings, Participants, and Grammatical Relations." In Savas L.. Tsohatzidis (ed.), *Meaning and Prototypes: Studies in Linguistic Categorization*, London: Rout ledge, 213-238.

Langacker, Ronald, W. (1991). *Foundations of Cognitive Grammar*, Vol.2: Descriptive Application. Stanford University Press.

Langacker, Ronald, W. (2000). "A Dynamic Usage-based Model." In Barlow, M and S. Kemmer (eds.), 2000, 1-63. (坪井栄治郎訳「動的使用依拠モデル」坂原茂(編)(2000), 61-143.)

Levin, Beth. (1993). *English verb classes and alternatives: A preliminary investigation.* University of Chicago Press.

Pustejovsky, James. (1991). "The Syntax of Event Structure" *Cognition.* 41, 47-81.

Takezawa, Koichi. (1993). "Secondary Predication and Locative/Goal Phrases" In Nobuko Hasegawa (ed.) *Japanese Syntax in Comparative Grammar,* 45-77. Kurosio Publishers.

Taylor, Harvey M. (1971). *Case in Japanese.* South Orange, New Jersey: Seton Hall University Press.

Traugott, Elizabeth C. (1989). "On the Rise of Epistetmic Meanings in English." *Language* 65 (1), 31-55.

Tuggy, David. (1993). "Ambiguity, Polysemy, Vagueness." *Cognitive Linguistics* 4-3: 273-290.

〈言語資料〉

「Google(日本版)」http://www.google.co.jp/

「佐賀新聞記事データベース」『佐賀新聞』http://www.saga-s.co.jp/pubt2002/ShinDB/

『広辞苑―第五版―』岩波書店

『大辞林―第二版―』三省堂

『日本語語彙大系(CD-ROM版)』岩波書店

あとがき

　本書は 2005 年 3 月に神田外語大学より言語学博士号を受けた博士論文を基に、新たに事例研究などを加え、さらに、論点が一貫するように書き直したものである。本書は、筆者が模索する日本語研究と日本語教育のうち、前者における現時点でのひとつの成果であるが、同時に、多くの方々のご教示、ならびに、ご支援とご協力の結実でもある。ここに記して深く感謝申し上げたい。

　まず、神田外語大学大学院言語科学研究科の在学時から現在までご指導頂いている井上和子先生と長谷川信子先生に感謝の意を表したい。井上和子先生には、修士課程からご指導頂いている。私が挫折せずに博士論文を書き上げられたのは井上先生の温かい励ましがあったからこそである。折々に、生成文法の観点からだけでなく、記述的な面も含め幅広いコメントやアドバイスを頂いてきた。博士論文の多くの部分は、井上先生に示唆して頂いたアイデアが形になったものと言っても過言ではない。現在もなお、神田外語大学を離れて久しい私たちのために、研究会を開いてくださっていることに感謝したい。そして、ゼミでは誰よりも熱心にご準備される姿を尊敬してやまない。長谷川信子先生のクラスに参加したのは、私が修士課程を終え、その後の進路に迷っている時であった。聴講で参加させて頂いた生成文法の GB 理論の授業で、「項構造」なるものの魅力にとりつかれた。長谷川先生のハイペースな授業について行くのがやっとであったが、必死で毎週の課題に取り組んだことを思い出す。真っ赤に書き込まれ返却されたノートを見ては、次は何も書かれないようにしようと思ったものだ。その授業の中で抱いた疑問は、今日の私の研究の動機付けになっている。学生への接し方の違いこそあれ、井上先生、長谷川先生のお二人のご指導が"甘辛く"融合し、今の私

を形成している。

博士論文執筆と審査に当たっては、斉藤武生先生、木川行央先生に大変お世話になった。斉藤先生の授業にはひとつしか参加できなかったが、そのひとつが、Goldberg(1995)の精読であった。博士論文執筆に何度となく読み返されたオレンジと紫の本には、2.1～2.3 伊藤…という発表の順序が書き込まれている。また、草稿提出後に頂いたコメントが、イメージ・スキーマを意味の基盤とする構文という考え方の大きな手掛かりとなった。木川先生には日本語学的な研究の中に構文文法的アプローチのヒントとなるものが数多くあること、また、動詞の意味は多義ではないというご自身のご見解もお聞かせ頂き、大変参考になった。

神田外語大学大学院の諸先生方には、博士論文をなかなか書き上げられない私を辛抱強く待って頂いたことに併せて感謝申し上げたい。また、修士課程でご教授頂いた、徳永美暁先生、奥津敬一郎先生、大島一朗先生、岩本遠億先生に感謝申し上げたい。

そして、大学院で共に学んだ、上田由紀子氏、藤巻一真氏、田坂敦子氏、外崎淑子氏、山田昌史氏、大倉直子氏、綿貫啓子氏、神谷昇氏、高橋将一氏にお礼を述べたい。

直接のご指導を受けてはいないが、本書で提案した構文モデルにあたたかい励ましのことばを下さった山梨正明先生と小野尚之先生に感謝申し上げたい。山梨先生とお話をしたのは、学会会場の廊下で偶然お会いしたのがきっかけであった。それは、私が半信半疑で構文の「図式」を描き始めた頃であったが、すぐさま「図式」の意図を汲んで示唆に富むご指摘を下さった。おもしろそうだから、とにかく絵を真剣に描くように、とのご助言を下さったのは、非常に心強かった。また、小野先生とお話をしたのも、学会会場の廊下でだった。初対面だった私に気さくに声を掛けて下さり、熱心に話を聞いて下さった。後にお送りした拙論に有益なコメントを下さるとともに、私の研究を勇気づけて下さった。お二人とも、偶然お会いしたにも関わらず、私の話に耳を傾けて下さったこと、そして勇気付けて下さったことに、感謝申し上げる。

博士論文完成後は、日本認知言語学会や日本語文法学会で発表する機会に恵まれた。有益なコメントを下さった岡智之先生、小熊猛先生、杉本武先生、尾上圭介先生、川村大先生に感謝申し上げたい。また、京都大学の京都言語学コロキアムでの発表では、李在鎬氏、黒田航氏をはじめ多くの方々に貴重なコメントを頂いた。感謝申し上げる。

　そして、本書の準備段階である原稿を丁寧に読んで頂き、疑問点を指摘して下さった森雄一先生と前述の李在鎬氏に感謝したい。森先生は読書会を通して、認知言語学の魅力を示してくださり、私をいざなってくださった。森先生に誘われなければ私は今のような研究のスタンスを取っていなかったかもしれない。また、李氏には、構文文法の専門的な観点からの有益なコメントを頂いた。

　また、勤務校である群馬県立女子大学の篠木れい子先生、嶋田裕司先生をはじめとする諸先生方にもお礼を申し上げたい。篠木先生と嶋田先生には、私が赴任して以来今日まで、折に触れて励ましやご助言を頂いている。そして、群馬県立女子大学に集中講義等でいらっしゃった中村芳久先生、瀬戸賢一先生、井上優先生、山内博之先生にもご意見を頂く幸運に恵まれた。貴重なお時間を頂き、感謝申し上げたい。

　本書の出版を快諾して下さった株式会社ひつじ書房の松本功氏、編集を担当して下さった細間理美氏に深く感謝申し上げる。また、歴代の担当の方々にも御礼を申し上げたい。

　最後に、小さなユカとチャッキーに感謝したい。

　　　　　　　　　　　　2008年8月　雷光の瞬く夜、東京湾沿いにて
　　　　　　　　　　　　　　　　　　　　　　　　伊藤健人

索引

イメージ・スキーマ変換　169, 190, 197
因果関係　8, 127

え

エネルギー連鎖　90, 99, 104

か

下位レベル　145
ガ格→格助詞
ガ／カラ交替→格助詞の交替現象
［＿ガ＿カラ＿ニＶ］→格パターン
格助詞　75, 78, 84, 143, 187
　ガ格　144
　カラ格　144
　デ格　84
　ニ格　144
　ヲ格　144
格助詞の一般的なルール　144
格助詞の意味解釈　21, 30, 187, 192, 198
　「期間」　193, 194
　「起点」　193, 196
　「経過点」　193, 196
　「経路」　168, 193, 194
　「原因」　102, 171, 209
　「出現」　157, 165, 167
　「出席・出場」　164, 167
　「出発」　155, 161
　「状況」　193, 194
　「消失」　158, 161
　「所有」　146
　「接触」　165, 167
　「存在」　146
　「対象」　102, 171, 209
　「能力」　146
　「発生」　156, 161
　「分離」　160, 161
　「目的」　167

い

【移送】構文→構文
位置変化　8, 127, 150, 162
【一方向的作用】構文→構文
イベント・スキーマ　1, 88, 100, 103, 109, 132, 141, 144
　単体
　　《関係》　100, 102, 105
　　《作用》　100, 103, 105
　　《状態》　100, 105
　　《変化》　100, 101, 105
　複合
　　《関係》と《作用》と《変化》の複合　105, 108
　　《作用》と《位置−変化》の複合　105, 106
　　《作用》と《状態−変化》の複合　105, 107
意味基盤　88, 95, 96, 136, 150, 192, 205
意味述語　16, 92, 103, 109
意味役割　22, 25, 49, 79, 85
イメージ・スキーマ　1, 113, 114, 118, 141
　〈起点−経路−着点〉のイメージ・スキーマ　123
　〈ベクトル〉のイメージ・スキーマ　131
　〈容器〉のイメージ・スキーマ　119
　〈リンク〉のイメージ・スキーマ　128
イメージ・スキーマとイベント・スキーマの関係　132, 133
イメージ・スキーマの背景化　120

格助詞の交替現象　21, 26, 183, 184, 187
　　ガ／カラ交替　188
　　カラ／ヲ交替　190
　　ニ／カラ交替　188
　　ニ／ヲ交替　188
格助詞の順序　147
格パターン　1, 75–78, 84–88, 105, 141, 187, 203
　　［_ガ_カラ V］（起点的変化構文）154
　　［_ガ_カラ_ニ V］（変化構文）85, 105, 149
　　［_ガ_ニ V］（双方向的作用構文）85, 105, 170
　　［_ガ_ニ V］（着点的変化構文）86, 161
　　［_ガ_ニ_ヲ V］（授受構文）85, 105, 181
　　［_ガ_ヲ V］（一方向的作用構文）85, 105, 172
　　［_ガ_ヲ V］（経路的変化構文）168, 193
　　［_ガ_ヲ V］（使役構文）85, 105, 178
　　［_ガ_ヲ_カラ_ニ V］（移送構文）85, 105, 174
　　［_ニ_ガ V］（存在構文）85, 86, 95, 101, 105, 146
カテゴリー　137, 138
［_ガ_ニ V］（双方向的作用構文）→格パターン
［_ガ_ニ V］（着点的変化構文）→格パターン
［_ガ_ニ_ヲ V］→格パターン
カラ格→格助詞
カラ／ヲ交替→格助詞の交替現象
［_ガ_ヲ_カラ_ニ V］→格パターン
［_ガ_ヲ V］（一方向的作用構文）→格パターン
［_ガ_ヲ V］（経路的変化構文）→格パターン
［_ガ_ヲ V］（使役構文）→格パターン
《関係》→イベント・スキーマ

《関係》と《作用》と《変化》の複合→イベント・スキーマ

き

「期間」→格助詞の意味解釈
「起点」→格助詞の意味解釈
〈起点–経路–着点〉のイメージ・スキーマ→イメージ・スキーマ
【起点的–移送】構文→構文
【起点的–使役】構文→構文
【起点的–変化】構文→構文
【起点的–変化】構文の拡張　161
基本的構文　144
基本的事態　104, 141, 144
基本レベル　145
境界線　190, 197

く

空間的メタファー　95, 164

け

「経過点」→格助詞の意味解釈
意味と形式の1対1対応　32
意味と形式の統合体　32, 41
継承リンク　45
「経路」→格助詞の意味解釈
【経路的–変化】構文→構文
【経路的–変化】構文の拡張　169, 197
【結果的–使役】構文→構文
「原因」→格助詞の意味解釈

こ

語彙意味論　47, 90
語彙概念構造　43, 62, 90, 91, 93, 103, 109

項構造　19, 22, 25
項構造構文　10, 15
項構造の書き換え　23
項構造の派生　24
項の増減　24
構文　1, 38, 40, 41
　基本的構文
　　【一方向的作用】構文　172–174, 188
　　【双方向的作用】構文　170–172, 207
　　【存在】構文　5, 146–149
　　【変化】構文　8, 149–154, 205
　　　【起点的 – 変化】構文　152, 154–161, 190
　　　【経路的 – 変化】構文　152, 154, 168–170, 190, 193, 194, 196
　　　【着点的 – 変化】構文　152, 154, 161–167, 188
　複合的構文
　　【移送】構文　174–178
　　　【起点的 – 移送】構文　176
　　　【着点的 – 移送】構文　175–176
　　　【略奪的 – 移送】構文　177, 178, 182
　　【使役】構文　178–180
　　　【起点的 – 使役】構文　180
　　　【結果的 – 使役】構文　180
　　【授受】構文　181–185, 188, 209
　　　【授受(受取)】構文　181–183, 188
　　　【授受(授与)】構文　183–185
構文選択　28
構文的意味　41, 42
構文的拡張　43
構文の意味　1, 88, 132
構文の拡張　58, 137, 139, 152
構文の形式　1, 75, 85
構文の多義性　76, 84
構文文法　1, 15, 37
Goldberg(1995)　15, 37, 61

さ

《作用》→イベント・スキーマ
《作用》と《位置 – 変化》の複合→イベント・スキーマ
《作用》と《状態 – 変化》の複合→イベント・スキーマ
参照点　87, 146

し

【使役】構文→構文
【授受(受取)】構文→構文
【授受】構文→構文
【授受】構文の生産性　185
【授受(授与)】構文→構文
「出現」→格助詞の意味解釈
「出席・出場」→格助詞の意味解釈
「出発」→格助詞の意味解釈
上位レベル　145
「状況」→格助詞の意味解釈
「消失」→格助詞の意味解釈
《状態》→イベント・スキーマ
状態変化　8, 127, 151, 162
「所有」→格助詞の意味解釈

す

図式　4, 96, 142

せ

「接触」→格助詞の意味解釈
漸増的変化対象(Incremenal Theme)　107

そ

【双方向的作用】構文→構文

「存在」→格助詞の意味解釈
【存在】構文→構文

た

「対象」→格助詞の意味解釈
多義　21

ち

【着点的−移送】構文→構文
【着点的−変化】構文→構文
【着点的−変化】構文の拡張　167
中心的／周辺的　137, 138

て

デ格→格助詞

と

動詞の多義性　20, 21–23

な

「悩む／呆れる」タイプ　203, 207

に

ニ格→格助詞
ニ格他動詞　199, 201
ニ格目的語　199
ニ格目的語の特徴　204
［＿ニ＿ガ V］→格パターン
ニ／カラ交替→格助詞の交替現象
ニ／ヲ交替→格助詞の交替現象

の

「能力」→格助詞の意味解釈

は

背景化　177, 183, 189
「働きかける／頼る」タイプ　204, 209
「発生」→格助詞の意味解釈

ひ

「非−対象」ヲ格　192
ビリヤードボールモデル　103

ふ

複合的構文　174
複合的事態　105, 141, 174
「ぶつかる／会う」タイプ　203, 205
プロトタイプ　137, 138
プロファイル　50, 142, 143
プロファイル・シフト　152, 153, 154, 183, 185, 189
文法関係　16, 51, 70, 75, 85
「分離」→格助詞の意味解釈

へ

〈ベクトル〉のイメージ・スキーマ→イメージ・スキーマ
《変化》→イベント・スキーマ
【変化】構文→構文
【変化】構文の拡張　152, 154
編入　29

め

命題的なイメージ・スキーマ　135
メタファー的写像　120, 127
メタファーの実例　120, 124, 128

も

「目的」→格助詞の意味解釈

ゆ

有縁性　19, 86
融合　49, 52

よ

〈容器〉のイメージ・スキーマ

り

【略奪的 – 移送】構文→構文
【略奪的 – 移送】構文の拡張　177
〈リンク〉のイメージ・スキーマ→イメージ・スキーマ

を

ヲ格→格助詞

【著者紹介】

伊藤 健人（いとう たけと）

〈略歴〉博士（言語学）。専門分野は、日本語学、日本語教育学。神田外語大学大学院言語科学研究科博士課程修了。日本学術振興会特別研究員、明海大学講師を経て、現在、群馬県立女子大学文学部国文学科講師。

〈主な論文〉「動詞の意味と構文の意味―「出る」の多義性に関する構文文法的アプローチ」『明海日本語』8号（2003）、「日本語の項構造構文における形式と意味―格パターンとイメージ・スキーマ」『日本認知言語学会論文集』6巻（2006）、「定住外国人児童生徒の日本語教育―現場で今何が必要なのか」『言語』36巻9号（2007）、「日本語教育における言い換え―2つの方向性と多様性」『日本語学』26巻13号（2007）など。

ひつじ研究叢書〈言語編〉第64巻
イメージ・スキーマに基づく格パターン構文―日本語の構文モデルとして

発行	2008年9月10日 初版1刷
定価	5600円＋税
著者	©伊藤健人
発行者	松本 功
本文フォーマット	向井裕一（glyph）
印刷所	株式会社 ディグ
製本所	株式会社 中條製本工場
発行所	株式会社 ひつじ書房

〒112-0011 東京都文京区千石2-1-2 大和ビル2階
Tel.03-5319-4916 Fax.03-5319-4917
郵便振替 00120-8-142852
toiawase@hituzi.co.jp　http://www.hituzi.co.jp

ISBN978-4-89476-381-4

造本には充分注意しておりますが、落丁・乱丁などがございましたら、小社かお買上げ書店にておとりかえいたします。ご意見、ご感想など、小社までお寄せ下されば幸いです。

〈日本語研究叢書　第 2 期第 1 巻〉
認知文法論
山梨正明 著　4,410 円

〈ひつじ研究叢書（言語編）　第 17 巻〉
現代言語理論と格
石綿敏雄 著　4,830 円

〈ひつじ研究叢書（言語編）第 55 巻〉
日本語の構造変化と文法化
青木博史 編　7,140 円

〈ひつじ研究叢書（言語編）第 56 巻〉
日本語の主文現象
長谷川信子 編　7,980 円

〈ひつじ研究叢書(言語編) 第62巻〉
結果構文研究の新視点
小野尚之 編　6,510 円

〈認知言語学論考 7〉
認知言語学論考 No.7
山梨正明他 編　4,410 円